Herbert Jung

Wieder aufstehen

Gottesdienste, Gebete, Ideen
für die Fasten- und Osterzeit

Herbert Jung

Wieder aufstehen

HERDER

FREIBURG · BASEL · WIEN

www.herder.de

Umschlaggestaltung Finken & Bumiller
Titelbild: Zefa visual media, Düsseldorf

Herstellung: fgb · freiburger graphische betriebe
www.fgb.de

Gedruckt auf umweltfreundlichem,
chlorfrei gebleichtem Papier
ISBN 3-451-27729-8

Inhalt

Vorwort

Der Menschen Leben wird oft verglichen mit einem Weg: sein Beginn: irgendwo – irgendwann; sein Ende auch: irgendwo – irgendwann. Und dazwischen?

Ein ständiges Auf und Ab, täglich zugemutet: nicht nur der Sonne, nein, jedem, der morgens sich erhebt, am Abend ein Nachtlager sucht. Dazu noch die Lebensphasen, die jeder kennt: Tage, an denen ich »down« bin, mich ganz unten fühle, nicht aufstehen will oder kann ... Tage, an denen ich ein Hoch habe, »high« bin, über mich hinaus wachse, dem Himmel sozusagen entgegen strebe.

Der Lebensweg Jesu, der Weg dessen, der ganz Mensch geworden (vgl. Phil 2,6–11), bildet da keine Ausnahme. Warum auch, wenn sein Leben das eines Menschen war? Stets voller Dramatik, auch ein ständiges Auf und Ab: schon die Geburt ein Abstieg (vgl. Phil 2,7), dann auf der Flucht (vgl. Mt 2,13–15) wie viele es noch heute sind, schief angesehen in seiner Heimat und bei den Verwandten, in deren Augen zu bestehen nicht immer leicht fällt (vgl. Lk 4,16–30), kaputt und ausgelaugt von den Ansprüchen der Menschen (vgl. Mk 1,35–39), völlig unten – abgewirtschaftet würden wir es nennen – auf der Suche nach einer Stelle, wo er sich und sein Haupt hinlegen kann, aber dergleichen ist nicht zu finden (vgl. Mt 8,20).

Und dann der Weg, den niemand niemandem wünscht: eingezwängt in die Mühlen der Verwaltung, der Justiz, weiß er nicht, wohin er geht: sein Weg!

Ins Desaster?

In große Zukunft?

Wohin?

Weiter nach unten?

Wieder mal nach oben?

Pilatus wird es ihm bald sagen, das Volk erst recht – ans Kreuz wird er gehen (vgl. Joh 19,1–16).

Die Hoffnung wird an den Nagel gehängt! Raben schreien die Nachricht von seinem Tod über die Hügel, die einst hören durften, dass Gottes Reich so nah und Menschen aufstehen dürfen, nein sollen, damit das Leben gelingt (vgl. Mk 5,41; Joh 11,43). Jetzt war es weit weg!

In der Tat endet der Weg Jesu unten: am Kreuz! Aus dem Weg wurde ein »weg!«

Weg mit ihm! Wer einmal liegt, steht so schnell nicht mehr auf, besser: nie mehr auf!

Deswegen wird er begraben, der Ort sogar bewacht. Beileid, Blumen und Salben sind noch gestattet.

Doch die Besucher finden ein leeres Grab (vgl. Joh 20,1–2) ... dort unten ist er nicht mehr zu finden!

Was nun? Ist er weiter nach unten, gar in die Unterwelt – »hinabgestiegen in das Reich des Todes«, höre ich doch im Glaubensbekenntnis der Kirche? – Oder ist er wieder nach oben, von wo er gekommen ist? Seit seinem Tod bleibt diese Frage, beschäftigt so viele, nicht nur in Jerusalem damals: die engsten Freunde, erst recht die Behörde. Wo ist er nun? An den See von Tiberias, seinem Lieblingsplatz? – Freunde wollen mit ihm dort gegessen haben (vgl. Joh 21,1–14). In ein Haus der Altstadt? – Mitten im Gebet sei er dort sozusagen hereingeplatzt, so wird es jedenfalls erzählt (vgl. Joh 20,19–23). In den Himmel sei er hinauf, wie von fremder Hand emporgehoben (vgl. Apg 1,9–11), das wiederum wussten Lukas und Markus (vgl. Mk 16,19).

Wohin? Die Frage bleibt – Gott sei Dank – und beschäftigt Jahr für Jahr diese vielen Gemeinden, die sich auf ihn berufen, gar seinen Namen tragen.

Er lässt uns nicht los – oder lassen wir ihn nicht los, weil wir ihn brauchen: den Freund des Lebens?

Im gottesdienstlichen Leben der österlichen Buß- und Festtage wird Gegenwart, was einst vergangen schien. »Dort« treffen wir auch auf ihn, den Lebendigen, auf seinen Weg, auf sein Wohin. Die nachfolgenden Texte möchten den Seelsorgerinnen und Seelsorgern, den Leiterinnen und Leitern von Gottesdiensten helfen, die Dramatik dieser Tage, mehr noch dieser Fragen und Inhalte in Worten unserer Zeit zu vermitteln.

Sie orientieren sich am Kirchenjahr und lassen genügend Spielraum, in die vorgesehene liturgische Ordnung eingebaut zu werden, eignen sich aber auch für Wort- und Meditationsgottesdienste.

Und selbst der stille Leser, der einfach nur eintauchen will in das Geschehen, wird reichlich Nahrung finden für seine Seele.

Dass Sie sich selber darin wiederfinden, Nachfolge konkret erfahren und so am Ende auch getränkt von Hoffnung sind, das wünscht Ihnen

HERBERT JUNG

ASCHERMITTWOCH I:

Zum Tode verurteilt

Einzug GL 656: Wir sind nur Gast auf Erden

Begrüßung Nach Martin Heidegger, einem deutschen Philosophen des 20. Jahrhunderts, ist das Leben der Menschen ein »Sein zum Tode«. Denn jeder Neugeborene muss irgendwann sterben. Seine Geburtsurkunde ist sozusagen auch sein Todesurteil.
Der heutige Tag lädt ein, über solch ein Urteil nachzudenken, sich damit auseinander zu setzen.
Vielleicht hilft dabei das Wissen: Auch Jesus war zum Tode verurteilt, nicht nur weil er Mensch war, sondern auch weil Menschen es so wollten.

Gebet Klagend siehst du heut dein Volk,
auch fragend,
was angesichts des Todes du zu tun gedenkst.
Hast du die Macht auch über den,
der Leben stets zerstört,
der nicht versteht, dass Menschen es so lieben?
Wenn »ja«, dann rede,
mehr noch: Tröste doch dein Volk,
dass jenem Tod entgegengeht,
und sag uns, ob noch Hoffnung bleibt.
Amen.

Lesung Joh 18,28–40: Urteil des Pilatus

Einzug des Todes

Ein großes schwarzes Tuch wird, begleitet von Trommelschlägen oder Schweigen, von sechs Personen langsam hereingetragen und über den Altar gelegt.

Lied GL 654: Mitten wir im Leben sind wir vom Tod umfangen

Einführung der Texte

Es gibt viele Weisen, mit dem »Todesurteil« umzugehen, sich mit dem Tod, dem der anderen und dem eigenen auseinander zu setzen. Doch hören Sie selbst:

TEXT A **Leugnen**

Lektor: Wir reden vom Wetter, von der Arbeit und
wie schwierig die Liebe.

Der Tod kommt nicht vor – es sei denn,
es trifft den anderen.

Wir reden vom Urlaub, von der Migräne und
wie billig alles im Winterschlussverkauf.

Der Tod kommt nicht vor – wir sparen ihn aus.

Wir reden von morgen, von der Rente und wie es wohl wird, wenn wir alt werden, mit siebzig, mit achtzig, und dass es gut schmeckt beim neuen Chinesen an der Ecke.

Der Tod kommt nicht vor – wir haben ihn einfach vergessen.

Orgel oder Stille

TEXT B **Kämpfen**

Lektor: Und ihr größter Feind, meine Damen und Herren, das sind nicht die Bakterien, nicht die Viren. Die haben wir im Griff. Nein! Ihr Feind ist nur einer: der Tod!
Deshalb – so empfahl der Professor seinen Medizinstudenten – gilt unser Kampf ihm. Und das auf allen Ebenen.

Denn der Tod, diese Geißel der Menschheit, kennt viele Gesichter, und ständig denkt er sich neue Fallen aus, in die sie hineinstolpern: die Kinder und Greise und selbst jene in der Blüte ihrer Jahre.
Sie müssen mutig sein und ihm die Stirn zeigen, diesem Gespenst, und es wird zurückweichen. Es gibt schon viele Siege, aber noch viele Kämpfe bis zu dem Tag, da es ihn selbst erwischt, da er sein eigenes Opfer wird.

Also, an die Arbeit, in den Kampf.

Orgel oder Stille

TEXT C **Annehmen**

Lektor: Me-ti bewunderte die Art, wie unser Freund An-tse gestorben war. Er hatte sterbend ein paar leichte Algebraaufgaben vorgenommen. Über ihrer Lösung starb er weg. »Er war entweder schon fertig mit dem Nachdenken über den Tod oder hatte wenigstens entschieden, dass die Frage nicht zu den lösbaren gehört«, sagte Me-ti, und als ich ihn fragte, ob es nicht eine seichte Art genannt werden könnte, antwortete er: »Wenn man über den Fluss muss, sucht man gerne eine seichte Stelle.«

Bertolt Brecht

Orgel oder Stille

TEXT D **Neudeuten**

1Kor 15,20–26: Der letzte Feind

Lektor: Nun steht fest, dass Christus von den Toten auferweckt worden ist, der Erste der Entschlafenen. Da nämlich durch einen Menschen der Tod gekommen ist, kommt durch einen Menschen auch die Auferstehung der Toten. Denn wie in Adam alle sterben, so werden in Christus einst alle lebendig gemacht. Es gibt aber eine Reihenfolge:

Erster ist Christus; dann folgen, wenn Christus erscheint, alle, die zu ihm gehören. Dann folgt das Ende, wenn er jede Macht, Gewalt und Kraft vernichtet hat und seine Herrschaft Gott dem Vater übergibt. Denn er muss herrschen, bis Gott ihm alle Feinde unter die Füße gelegt hat. Der letzte Feind, der vernichtet wird, ist der Tod.

Orgel oder Stille

Aschenkreuz Auch wir sind heute Abend hier, den Tod ganz neu zu deuten, wie Paulus es uns empfohlen hat (vgl. 1Kor 15, 20–26).
So nehmen wir Asche, Zeichen, dass wir vergehen, und geweihtes Wasser, Zeichen, dass wir auferstehen, und lassen uns von beidem berühren und geben so der Hoffnung neue Zukunft.

Aschenweihe Zum Tode verurteilt,
Herr, daran soll diese Asche erinnern,
und doch zum Leben bestimmt,
Herr, daran soll dieses Wasser erinnern.

Lass beides nicht vergessen,
uns, die sich berühren lassen
von solchen Zeichen. Amen.

Danach erfolgt das Austeilen des Aschenkreuzes. Dazu Orgel und Lieder. Beim Auflegen des Aschenkreuzes spricht der Zelebrant:

Gedenke das du stirbst,
doch trau dem Wort der Schrift.

Fürbitten *Bei jeder Bitte wird ein Teelicht angezündet und auf den Altar gestellt.*

Kinder – noch nicht geboren – sterben
einfach so.
Der Tod kennt kein Erbarmen,
aber du, so hoffen wir und rufen:

Gesang:
Herr, gib ihnen die ewige Ruhe.
Und das ewige Licht leuchte ihnen.

Jugendliche – noch nicht erblüht – sterben
einfach so.
Der Tod kennt kein Erbarmen,
aber du, so hoffen wir und rufen:

Gesang:
Herr, gib ihnen die ewige Ruhe.
Und das ewige Licht leuchte ihnen.

Erwachsene – noch nicht viel erreicht – sterben
einfach so.
Der Tod kennt kein Erbarmen,
aber du, so hoffen wir und rufen:

Gesang:
Herr, gib ihnen die ewige Ruhe.
Und das ewige Licht leuchte ihnen.

Alte – noch nicht verbraucht – sterben
einfach so.
Der Tod kennt kein Erbarmen,
aber du, so hoffen wir und rufen:

Gesang:
Herr, gib ihnen die ewige Ruhe.
Und das ewige Licht leuchte ihnen.

Alle – noch fest im Leben – sterben
einfach so.
Der Tod kennt kein Erbarmen,
aber du, so hoffen wir und rufen:

Gesang:
Herr, gib ihnen die ewige Ruhe.
Und das ewige Licht leuchte ihnen.

Vaterunser

Schlusslied GL 291: Wer unterm Schutz des Höchsten steht

Schlusssegen Der Herr segne dich,
der du gebildet wurdest
aus dem Staub der Erde
und gesegnet bist von seinem Atem.

Er lasse dich seine Stimme hören,
wenn du einen Weg gehst,
der dich entfernt
von der Quelle des Lebens.

Er öffne dir die Augen
für die Vergänglichkeit der Welt
und, wenn dein Leib den Weg
alles Irdischen beendet,
schenke er dir in seinem Haus
den Platz des Unvergänglichen.

Er lindere die Angst vor jenem Tag
und schenke dir die Kraft des Vertrauens,
dem Schmetterling gleich,
der mühelos und ohne Zorn
sich dem Entpuppen stellt.

Das gewähre dir der Gott,
der das Leben will und nicht den Tod.
Der Vater und sein Sohn
und der Leben spendende Geist. Amen.

Nach dem Segen:

Antwortsuchender:

Bleibt noch die Frage
an den, der dem Lehm seinen Atem gegeben
(vgl. Gen 2,7).
Sag, musste der Tod denn sein?
Der Schmerz und die Angst und
der Schweiß noch davor?
War es nicht möglich,
Gefährt uns zu senden
wie einst dem Elias,
dem Mann, den Pferde und Wagen geholt
wie die Braut für den Prinzen (vgl. 2Kön 2,1–18)?
Sag, warum diese grausame Tour,
die un-menschlich und
göttlich schon gar nicht.
Die Frage steht
und sie bleibt,
wird dir entgegen geschrieen
bis du nicht mehr schweigst,
bis kleinlaut du einsiehst:
Es tut mir so leid!

ASCHERMITTWOCH II:

Aus der Haut fahren

Vorbereitungen

Folgende Materialien müssen bereitgestellt werden: ein hitzebeständiges großes Gefäß (z.B. Blumentopf), eine Papierrolle (Plakat), CD-Player, CD mit »Schwanensee« von Peter Tschaikowsky

Einzug GL 183, 1–5: Wer leben will wie Gott auf dieser Erde

Begrüßung Wir beginnen die österliche Bußzeit im Namen unseres Gottes: Im Namen des Vaters und des Sohnes und des Heiligen Geistes. Amen.

»Ich könnte aus der Haut fahren.« – Sind wir wütend, kommt dieser Satz aus tiefster Seele. Und er wirkt entlarvend. Entlarvend, das Wort verrät schon, dass wir eine Larve tragen, eine Maske besitzen. Darunter bzw. dahinter steckt der wahre Kern, verbergen sich meine persönlichen Gefühle. Manchmal zeige ich sie, dann bin ich echt, manchmal verberge ich sie, dann bin ich mir und anderen fremd. Will ich aus meiner Haut heraus? Will ich der sein, den Gott so gewollt und nicht anders? Das ist das Thema dieses Gottesdienstes, weil Gott ja einlädt, umzukehren, sich 40 Tage Zeit zu nehmen zum Verändern.

Gebet So lade ich ein zum Gebet: Gott, an dich wenden wir uns und hoffen, du hörst die Menschen, die du geschaffen hast aus dem Staub der Erde. Lass die Sehnsucht nach einem neuen Leben in uns wachsen, ja, lass sie Überhand nehmen so sehr, dass wir Mut finden, uns zu ändern und der Mensch zu werden, den du von Ewigkeit her geplant hast. Dann wird Neues aus uns werden, dann wird Auferstehung spürbar mitten im Tod. Dazu gib uns die Kraft und den Mut, wie du es getan hast bei Christus, unserem Herrn. Amen.

Einführung ins Thema

Die Märchen der Völker wissen darum, dass Menschen manchmal verzaubert sind, dass sie Opfer von Hexen und Teufeln, von Zwergen und Riesen werden und dabei ihr wahres Gesicht verlieren, verwandelt werden in Tiergestalten wie Frosch, Reh oder Schwan.
Wir hören jetzt ein solches Verwandlungsmärchen der Gebrüder Grimm: Die 6 Schwäne.

Lektor: Es war einmal ein König, der hatte aus erster Ehe sechs Knaben und ein Mädchen. Er liebte sie über alles in der Welt und war seinen Kindern ein zärtlicher Vater.
Doch seine zweite Frau war auf ihre Stiefkinder nicht gut zu sprechen, denn sie war eine böse Hexe. Tag und Nacht sann sie darüber nach, wie sie die sieben Kinder wohl loswerden könnte, und nach längerem Studium ihres Hexenbuchs fasste sie schließlich einen Plan. Sie fertigte sieben Hemdchen, und in jedes nähte sie einen Zauber hinein. Dann ging sie in den Wald zu der Stelle, wo die Kinder spielten, und warf über jeden Knaben eines der Hemdchen. Sobald aber diese deren Leib berührten, verwandelten sich die Knaben in weiße Schwäne und flogen über den Wald davon. Nur das Mädchen blieb übrig, denn es hatte sich versteckt und wohl beobachtet, was geschah. Abends erzählte es davon traurig seinem Vater und sprach: »Ach, lieber Vater, meine sechs Brüder sind fort. Verzaubert in weiße Schwäne sind sie über den Wald davongeflogen. nur ein paar Federn haben sie als Erinnerung zurückgelassen.«
Und vor lauter Trauer machte sich die Kleine noch in derselben Nacht auf den Weg, verließ das Schloss und suchte im dunklen Wald nach den Schwänen. Schon fiel sie fast um vor lauter Müdigkeit, da sah sie eine verfallene Hütte mitten im Dickicht. Dort wollte sie die Nacht zubringen. Als aber die Sonne gerade unterging, da hörte das Mädchen ein Rauschen und sah, dass sechs Schwäne zum Fenster der Hütte hineinflogen. Die Vögel setzten

sich auf den Boden und fingen an, sich gegenseitig in das Gefieder zu blasen. Nachdem sie auf diese Weise sämtliche Federn verloren hatten, streiften sie ihre Schwanenhaut ab wie ein Hemd und zum Vorschein kamen die sechs Knaben. Da freute sich das Mädchen und fiel seinen Brüdern um den Hals. Dann erzählten diese ihrer Schwester: »Wir können unsere Schwanenhaut jeden Abend nur eine Viertelstunde lang ablegen und in dieser Zeit unsere menschliche Gestalt annehmen, danach werden wir wieder in Schwäne verwandelt.« »Könnt ihr denn nicht erlöst werden?«, fragte das Mädchen. »Doch«, antworteten die Jungen, »aber es ist sehr schwierig.« Darauf nannten sie ihr die Bedingungen: »Sechs Jahre darfst du nicht sprechen und sechs Hemden aus Sternenblumen musst du für uns nähen!« Als der letzte Satz von ihren Lippen kam, da war die Viertelstunde um. Das Mädchen konnte nur noch mit ansehen, wie die sechs Schwäne in traurigem Takt aus dem Fenster flogen.
Sie nahm sich vor, die Bedingungen zu erfüllen und so die Brüder zu erlösen.

Zelebrant: Im weiteren Verlauf des Märchens gelingt dem kleinen Mädchen tatsächlich, ihre Brüder zu erlösen. Nach sechs Jahren verwandelten sich die Schwäne wieder in ihre geliebten Brüder und danach, so wird erzählt, lebten sie lange Zeit in Glück und Frieden.

Meditative Musik

Einführung zur Meditation

Manchmal geht es mir und ihnen wie diesen sechs Knaben: Wir stecken in unserer Haut drin, in einer Haut, die uns durch Geburt und Erziehung mitgegeben wurde. Aber wir möchten so gerne aus der Haut fahren. Nicht nur, wenn der Zorn uns überfällt, dann gelingt es ja, zumindest für Sekunden, nein, auch in anderen Situationen. In der folgenden Meditation kann dies deutlich werden.

Meditation Als Hintergrundmusik hören wir dazu die Geschichte einer Verwandlung. Aus Peter Tschaikowskys »Schwanensee«, der »Tanz der Schwanenkönigin«.

Verschiedene Lektoren unterschiedlich in Geschlecht und Alter lesen:

➢ Ich möchte gern aus meiner Haut.
Dem Zorn die Bahn frei überlassen,
wenn mir danach zumute ist,
und mir dann sagen:
So ist's gut – Gott gab dir auch die Wut.

➢ Ich möchte gern aus meiner Haut
und Raum und Zeit anfüllen
mit zärtlichen Gefühlen,
wenn mich danach verlangt,
und wenn mein Herz es will.

➢ Ich möchte gern aus meiner Haut
und schwach sein und verletzlich,
empfänglich für den leisen Ton,
für deine runde Fingerkuppe
und jedes Haar verspüren,
das dann und wann auf meine nackte Schulter fällt.

➢ Ich möchte gern aus meiner Haut
und ohne Angst und ohne Not drauflosgehn,
wenn ich stark mich fühle,
dem Schwachen zu dem Recht verhelfen,
dem Gegner in das Auge sehn und sagen: Halt, so nicht!
Sonst steht das Leben auf dem Spiel.

➢ Ich möchte gern aus meiner Haut
und machen, was ich will,
was wichtig mir erscheint,
und niemand fragen: Darf ich das?
Und niemand bitten: Sei nicht bös! Stattdessen frei
und ohne Scham mir sagen:
Halt es aus!, wenn viele fragen:
Warum grad so und nicht wie jeder?

Einführung zum Evangelium

Ich möchte gern ...
In diesen Worten drückt sich Sehnsucht aus nach einem neuen Leben, ohne Haut, die einengt, ohne Haut, die am Echtsein hindert. Ob es das gibt? Ob es nur Traum ist und Wunsch bleiben muss? Das Neue Testament sagt: Nein, es geht, wenn du Mensch es willst! – Hören sie jetzt die Geschichte, von einem, der aus seiner Haut gefahren ist und ein anderer wurde.

Evangelium Lk 19,1–10: Zachäus

Einladung zum Aschenkreuz

Asche ist das Ergebnis eines Veränderungsprozesses. Durch Feuer ist Materie verwandelt worden. Vielleicht müssen wir auch durchs Feuer, müssen in den Schmelzofen – wie der Prophet Jeremia es sagt (vgl. Jer 9,6). Dann schaffen wir es, die Haut abzulegen, wenn sie verbrannt ist, werden wir nicht mehr hineinschlüpfen können. So verbrennen wir jetzt sinnbildlich unsere Haut und lassen uns danach die Asche auflegen als Zeichen dafür, dass wir guten Willens sind und aus der Haut fahren möchten.

Die Papierrolle wird nun im Gefäß entzündet. Danach erfolgt die Segnung der Asche, die für das Aschenkreuz verwendet wird.

Segensgebet über der Asche

Herr und Gott.
Nach deinem Bild hast du uns Menschen geschaffen. Jedem hast du sein Gesicht gegeben: einmalig, unwiederholbar, gottähnlich. Doch wir haben Angst, das zu sein, was wir sein dürfen. Darum segne die Asche und lass sie Zeichen der Mahnung sein, alles Fremde an uns abzulegen. Dann wird der Mensch erscheinen wie du ihn gewollt – seit Ewigkeit. Amen.

Austeilung der Asche

Der Zelebrant und weitere Gemeindemitglieder teilen das Aschenkreuz aus und sprechen dabei die Worte:

Christus hat dich erlöst.
Du darfst aus deiner Haut fahren.

Nach einiger Zeit können Orgel und Gemeinde mit Liedern einsetzen.

Dankpsalm GL 746 (beten re/li-Seite) oder singen, Psalm 116 A

Segen Der Herr sei mit euch!
Alle: Und mit deinem Geiste!

Gott, der euch geschaffen,
er soll helfen,
Maske abzulegen,

er soll locken
heraus aus fremder Haut,
damit für alle sichtbar jener Mensch,
den er gewollt
und der so schön –
seit Ewigkeit. Amen.

Gehet hin in Frieden
Alle: Dank sei Gott dem Herrn!

Auszug GL 553: Du König auf dem Kreuzesthron
oder Orgel

KREUZWEG I:

Sieben Fälle

Einführung

Verstärkt seit dem 14. Jahrhundert gehen christliche Pilger in Jerusalem den letzten Weg Jesu nach, denken auch darüber nach, was an den verschiedenen Stellen dort geschehen ist.

Aus diesem Brauch hat sich im Abendland der so genannte »Kreuzweg« herausgebildet, der ursprünglich nicht 14 sondern 7 Stationen kannte und anfangs die ›Sieben Fälle‹ genannt wurde.

In Worten unserer Zeit versuche ich das »alte« Geschehen neu erstehen zu lassen, denn der Kreuzweg Jesu ist leider immer noch »in«. Seine Dramatik noch aktuell, auch in diesen Tagen.

Die Sieben Fälle sind nach folgendem Muster aufgebaut:

1. **Musik oder Lied** z.B.:
   GL 179: O Haupt voll Blut und Wunden
   GL 180: Herzliebster Jesu, was hast du verbrochen
   GL 182: O du hochheilig Kreuze
   GL 183: Wer leben will wie Gott auf dieser Erde
   GL 188: O Traurigkeit, o Herzeleid

2. **Begrüßung** (mit eigenen Worten) **und Einführung**
3. **Kyrie** (siehe Auswahl)
4. **Eröffnungsgebet** (siehe Auswahl)
5. **Lesung**
6. **Musik**
7. **Psalm**
8. **Fürbitten**
9. **Vaterunser**
10. **Segen** (siehe Auswahl)
11. **Musik oder Lied**

KYRIE

Kyrie I

Auf deinem Weg – auf unserm Weg
Disteln und Dornen.
Herr, erbarme dich.

Auf deinem Weg – auf unserm Weg
Wunden und Weh.
Herr, erbarme dich.

Auf deinem Weg – auf unserm Weg
Verrat und Verlust.
Herr, erbarme dich.

Kyrie II

Herr, angenagelt für jene, die umfallen.
Christus, erbarme dich.

Herr, angenagelt für jene, die hinfallen.
Christus, erbarme dich.

Herr, angenagelt für jene, die wegfallen.
Christus, erbarme dich.

Kyrie III

Du, Herr, hingehängt für uns und für alle.
Herr, erbarme dich.

Du, Herr, aufgehängt für uns und für alle.
Herr, erbarme dich.

Du, Herr, abgehängt für uns und für alle.
Herr, erbarme dich.

Kyrie IV

Hätt' gern gewusst:
warum dieser Weg –
und dann noch mit Dornen.
Herr, erbarme dich.

Hätt' gern gewusst:
warum dieser Weg –
und dann noch mit Blut.
Herr, erbarme dich.

Hätt' gern gewusst:
warum dieser Weg –
und dann noch mit Nägeln.
Herr, erbarme dich.

Gebet I

Gefallen in der Menschen Hand,
du, Herr, hast selbst es so gewollt,
damit du nah
dem, der nach dir ruft,
dem, dessen Hand nach deiner greift.
So sei auch jetzt ganz nah
bei dem, der heute hier
und der dich braucht,
weil er ja selbst gefallen
Erbarmen suchend stöhnt
und tastend Hand verlangt,
die hält. Amen.

Gebet II

Von Fall zu Fall
kommst du den Menschen näher, Herr,
wirst immer mehr dem gleich,
der aus dem Lehm gebildet:
»Irdischer« denn auch genannt.
Vor solchem Tun
lass Achtung in uns wachsen,
mehr noch: Vertrauen finden
zu dem Gott, der sich vor Menschen neigt,
dem wir so wichtig,
dass er auch den Sohn hat fallen lassen
noch in das Reich des Todes. Amen.

1. STATION: »STÖR-FALL«

Einführung Einen »Stör-Fall« ...

nennt es der Rastlose,
wenn Steine plötzlich im Weg.

nennt es der Liebende,
wenn Abschied verlangt.

nennt es der Träumer,
wenn ihm sein Luftschloss genommen.

Auch jetzt. Störung ist angesagt, wie Markus wissen lässt:

Lesung Mk 11,15–19: Tempelreinigung

Dann kamen sie nach Jerusalem. Jesus ging in den Tempel und begann, die Händler und Käufer aus dem Tempel hinauszutreiben; er stieß die Tische der Geldwechsler und die Stände der Taubenhändler um und ließ nicht zu, dass jemand irgendetwas durch den Tempel trug. Er belehrte sie und sagte: »Heißt es nicht in der Schrift: Mein Haus soll ein Haus des Gebetes für alle Völker sein? Ihr habt eine Räuberhöhle daraus gemacht.« Die Hohenpriester und die Schriftgelehrten hörten davon und suchten nach einer Möglichkeit, ihn umzubringen. Denn sie fürchteten ihn, weil alle Leute von seiner Lehre sehr beeindruckt waren. Als es Abend wurde, verließ Jesus mit seinen Jüngern die Stadt.

Psalm GL 739: Psalm 94

Fürbitten Es stören Leute, die auf der Straße herumliegen und betteln: Hast du nicht ein paar Groschen für mich? Wenigstens Gott möge an sie denken.
Alle: Und ihnen seine Gunst gewähren.

Es stören Patienten, die nachfragen und nicht einfach alles mitmachen, die sich erkundigen: Wie heißt die Alternative?
Wenigstens Gott möge an sie denken.
Alle: Und ihnen seine Gunst gewähren.

Es stören Leute, die gegen den Strom schwimmen und die infrage stellen, was bisher immer so und nicht anders gemacht wurde.
Wenigstens Gott möge an sie denken.
Alle: Und ihnen seine Gunst gewähren.

Es stören Schwerkranke, die vom nahen Tod sprechen und den Umstehenden mitteilen: Du brauchst nicht zu lügen. Ich weiß um mein Ende.
Wenigstens Gott möge an sie denken.
Alle: Und ihnen seine Gunst gewähren.

2. STATION: »ÜBER-FALL«

Einführung Einen »Über-Fall« ...

nennt es der Arglose,
wenn Liebe grad ihn überrascht.

nennt es der Scheue,
wenn Fragen jäh zugemutet.

nennt es der Fromme,
wenn Angst auf ihn kommt.

Auch jetzt. Überfall ist angesagt, wie Markus wissen lässt:

Lesung Mk 14,26–27.43–50: Gefangennahme
Nach dem Lobgesang gingen sie zum Ölberg hinaus. Da sagte Jesus zu ihnen: »Ihr werdet alle an mir Anstoß nehmen und zu Fall kommen; denn in der Schrift steht: Ich werde den Hirten erschlagen, dann werden sich die Schafe zerstreuen.« Noch während er redete, kam Judas, einer der Zwölf, mit einer Schar von Männern, die mit Schwertern und Knüppeln bewaffnet waren; sie waren von den Hohenpriestern, den Schriftgelehrten und den Ältesten geschickt worden. Der Verräter hatte mit ihnen ein Zeichen vereinbart und gesagt: »Der, den ich küssen werde, der ist es. Nehmt ihn fest, führt ihn ab und lasst ihn nicht entkommen.« Und als er kann, ging er sogleich auf Jesus zu und sagte: »Rabbi!« Und er küsste ihn. Da ergriffen sie ihn und nahmen ihn fest. Einer von denen, die dabeistanden, zog das Schwert, schlug auf den Diener des Hohenpriesters ein und hieb ihm ein Ohr ab. Da sagte Jesus zu ihnen: »Wie gegen einen Räuber seid ihr mit Schwertern und Knüppeln ausgezogen um mich festzunehmen. Tag für Tag war ich bei euch im Tempel und lehrte, und ihr habt mich nicht verhaftet; aber das ist geschehen, damit die Schrift in Erfüllung geht.« Da verließen ihn alle und flohen.

Psalm GL 734: Psalm 77 oder
GL 698: Psalm 91 oder
GL 756: Psalm 142

Fürbitten Opfer von Überfällen werden Kinder.
Sie, die klein und wehrlos,
werden nicht geschont.
Sie brauchen unseren Schutz und deinen auch, o Herr!

Opfer von Überfällen werden Frauen.
Sie, die als schwächer und weniger bedeutend gelten,
werden vielerorts missbraucht.
Sie brauchen unseren Schutz und deinen auch, o Herr!

Opfer von Überfällen werden Ausländer.
Sie, die fremd und ohne Heimat,
werden vertrieben und verfolgt.
Sie brauchen unseren Schutz und deinen auch, o Herr!

Opfer von Überfällen werden alte Menschen.
Sie, die kraftlos und hilfsbedürftig,
werden aus dem Weg geräumt.
Sie brauchen unseren Schutz und deinen auch, o Herr!

3. STATION: »KNIE-FALL«

Einführung Einen »Knie-Fall« ...

nennt es der Beter,
wenn Ehrfurcht im Spiel.

nennt es der Sieger,
wenn derart Verlierer sich neigen.

nennt es der Geehrte,
wenn Achtung ihm so übermittelt.

Auch jetzt. Kniefall ist angesagt, wie Jesaja wissen lässt:

Lesung Jes 52,14; 53,2b–9: Das Lied vom Gottesknecht

Viele haben sich über ihn entsetzt, so entstellt sah er aus, nicht mehr wie ein Mensch, seine Gestalt war nicht mehr die eines Menschen. Er hatte keine schöne und edle Gestalt, so dass wir ihn anschauen mochten. Er sah nicht so aus, dass wir Gefallen fanden an ihm. Er wurde verachtet und von den Menschen gemieden, ein Mann voller Schmerzen, mit Krankheit vertraut. Wie einer, vor dem man das Gesicht verhüllt, war er verachtet; wir schätzten ihn nicht. Aber er hat unsere Krankheit getragen und unsere Schmerzen auf sich geladen. Wir meinten, er sei von Gott geschlagen, von ihm getroffen und gebeugt. Doch er wurde durchbohrt wegen unserer Verbrechen, wegen unserer Sünden zermalmt. Zu unserem Heil lag die Strafe auf ihm, durch seine Wunden sind wir geheilt. Wir hatten uns alle verirrt wie Schafe, jeder ging für sich seinen Weg. Doch der Herr lud auf ihn die Schuld von uns allen. Er wurde misshandelt und niedergedrückt, aber er tat seinen Mund nicht auf. Wie ein Lamm, das man zum Schlachten führt, und wie ein Schaf angesichts seiner Scherer, so tat auch er seinen Mund nicht auf.

Durch Haft und Gericht wurde er dahingerafft, doch wen kümmert sein Geschick? Er wurde vom Land der Lebenden abgeschnitten und wegen der Verbrechen seines Volkes zu Tode getroffen. Bei den Ruchlosen gab man ihm sein Grab, bei den Verbrechern seine Ruhestätte, obwohl er kein Unrecht getan hat und kein trügerisches Wort in seinem Mund war.

Psalm

GL 735: Psalm 80 oder
GL 621

Fürbitten

In die Knie gehen Menschen,
deren Probleme sie niederdrücken.
Hilf ihnen wieder auf, Herr.

In die Knie gehen Kinder,
deren Eltern sie nicht groß werden lassen.
Hilf ihnen wieder auf, Herr.

In die Knie gehen Arbeitnehmer,
die wie Sklaven behandelt werden.
Hilf ihnen wieder auf, Herr.

In die Knie gehen Sünder,
deren schlechtes Gewissen sie erdrückt.
Hilf ihnen wieder auf, Herr.

In die Knie gehen Hinterbliebene,
deren Trauer schwer wie Blei ist.
Hilf ihnen wieder auf, Herr.

4. STATION: »ZU-FALL«

Einführung Einen »Zu-Fall« ...

nennt es der Blick,
wenn Auge des andern ihn hält.

nennt es der Hunger,
wenn Brot seinen Lippen gereicht.

nennt es der Denker,
wenn neue Idee im Schlaf ihn befällt.

Auch jetzt. Zufall ist angesagt, wie Markus wissen lässt:

Lesung Mk 15,20b–22: Simon von Zyrene

Dann führten sie Jesus hinaus, um ihn zu kreuzigen. Einen Mann, der gerade vom Feld kam, Simon von Zyréne, den Vater des Alexander und des Rufus, zwangen sie, sein Kreuz zu tragen. Und die brachten Jesus an einen Ort namens Golgota, das heißt übersetzt: Schädelhöhe.

Psalm GL 752: Psalm 121 oder
GL 697: Psalm 4

Fürbitten Zufällig sind sich Menschen
nach langer Zeit wieder begegnet.
Für sie lasset uns beten.

Zufällig wurden Heilmittel gefunden
für unsere Kranken.
Für sie lasset uns beten.

Zufällig wurden Menschen
Opfer von Verkehrs- und Betriebsunfällen.
Für sie lasset uns beten.

Zufällig haben Ratlose
eine Antwort gefunden auf ihre Fragen.
Für sie lasset uns beten.

Zufällig haben sich Männer und Frauen
zu Paaren zusammengefunden.
Für sie lasset uns beten.

5. STATION: »RÜCK-FALL«

Einführung Einen »Rück-Fall« ...

nennt es der Sünder,
wenn alte Schwäche ihn holt.

nennt es der Kranke,
wenn Atmen wieder erschwert.

nennt es der Morgen,
wenn steigende Sonne wieder verdunkelt.

Auch jetzt. Rückfall ist angesagt, wie Lukas wissen lässt:

Lesung Lk 23,27–31: Weinende Frauen

Es folgte eine große Menschenmenge, darunter auch Frauen, die um ihn klagten und weinten. Jesus wandte sich zu ihnen um und sagte: »Ihr Frauen von Jerusalem, weint nicht über mich; weint über euch und eure Kinder. Denn es kommen Tage, da wird man sagen: Wohl den Frauen, die unfruchtbar sind, die nicht geboren und nicht gestillt haben. Dann wird man zu den Bergen sagen: Fallt auf uns!, und zu den Hügeln: Deckt uns zu! Denn wenn das mit grünem Holz geschieht, was wird dann erst mit dem dürren werden?«

Psalm GL 754: Psalm 137

Fürbitten

Rückfällig
werden Alkoholiker und andere Drogenabhängige.
Dass es nur ein Zwischenschritt und nicht der letzte sei,
darum lasst uns beten.

Rückfällig
werden Kriminelle und Triebtäter.
Dass es nur ein Zwischenschritt und nicht der letzte sei,
darum lasst uns beten.

Rückfällig
werden Ängstliche und psychisch Kranke.
Dass es nur ein Zwischenschritt und nicht der letzte sei,
darum lasst uns beten.

Rückfällig
werden Trauernde und Einsame.
Dass es nur ein Zwischenschritt und nicht der letzte sei,
darum lasst uns beten.

6. STATION: »AUS-FALL«

Einführung Einen »Aus-Fall« …

nennt es das Opfer,
wenn Helfers Ohr seinen Schrei nicht mehr ortet.

nennt es die Hoffnung,
wenn Faden zerreißt.

nennt es die Wüste,
wenn Regen ihr wird verwehrt.

Auch jetzt. Ausfall ist angesagt, wie Markus wissen lässt:

Lesung Mk 15,33–41: Kreuzigung

Als die sechste Stunde kam, brach über das ganze Land Finsternis herein. Sie dauerte bis zur neunten Stunde. Und in der neunten Stunde rief Jesus mit lauter Stimme: »Eloï, Eloï, lema sabachtani?«, das heißt übersetzt: »Mein Gott, mein Gott, warum hast du mich verlassen?« Einige von denen, die dabeistanden und es hörten, sagten: »Hört, er ruft nach Elija!« Einer lief hin, tauchte einen Schwamm in Essig, steckte ihn auf einen Stock und gab Jesus zu trinken. Dabei sagte er: »Lasst uns doch sehen, ob Elija kommt und ihn herabnimmt.« Jesus aber schrie laut auf. Dann hauchte er den Geist aus.
Da riss der Vorhang im Tempel von oben bis unten entzwei. Als der Hauptmann, der Jesus gegenüberstand, ihn auf diese Weise sterben sah, sagte er: »Wahrhaftig, dieser Mensch war Gottes Sohn.« Auch einige Frauen sahen von weitem zu, darunter Maria aus Magdala, Maria, die Mutter von Jakobus dem Kleinen und Joses, sowie Salome; sie waren Jesus schon in Galiläa nachgefolgt und hatten ihm gedient. Noch viele andere Frauen waren dabei, die mit ihm nach Jerusalem hinaufgezogen waren.

Psalm GL 715 und
GL 716: Psalm 22

Fürbitten Kapitalisten sehen nur das Kapital.
Verantwortung für Arbeitsplätze übernehmen sie oft nicht.
Sie fallen dann aus.

Ruf: GL 653, 1

Reiche Länder haben nur ihren Wohlstand
und ihre Zukunft im Auge.
Verantwortung für arme Länder übernehmen sie oft nicht.
Sie fallen dann aus.

Ruf: GL 653, 1

Waffenhersteller denken nur an ihren Gewinn
und an Geschäfte, die noch zu machen wären.
Verantwortung für den Frieden übernehmen sie oft nicht.
Sie fallen dann aus.

Ruf: GL 653, 1

Gemeinden kümmern sich vornehmlich um Kirchgänger
und fromme Christen.
Ihre Verantwortung für die »Rand«-Christen übernehmen sie oft nicht.
Sie fallen dann aus.

Ruf: GL 653, 1

Politiker sind zu sehr verstrickt in Eigeninteressen
und in die Programme ihrer Partei.
Ihre Verantwortung für das ganze Gemeinwesen übernehmen sie oft nicht.
Sie fallen dann aus.

Ruf: GL 653, 1

Eltern und Großeltern sehen in ihren Kindern ihre Vorsorge für das Alter, ihre Absicherung für kranke Tage.
Ihre Verantwortung für das Wohl des Nachwuchses übernehmen sie oft nicht.
Sie fallen dann aus.

Ruf: GL 653, 1

Religionen sind mit ihren Göttern beschäftigt und sehen im Andersgläubigen den Konkurrenten, gar den Feind.
Ihre Verantwortung für den Schöpfer und die Schöpfung übernehmen sie oft nicht.
Sie fallen dann aus.

Ruf: GL 653, 1

7. STATION: »GLÜCKS-FALL«

Einführung

Einen »Glücks-Fall« ...

nennt es der Mensch,
wenn Gott sich seiner erbarmt.

nennt es der Sucher,
wenn Fuß festen Boden erspürt.

nennt es der Durst,
wenn Quelle dem Felsen entspringt.

Auch jetzt. Glücksfall, wie Markus wissen lässt:

Lesung

Mk 16,1–7: Auferstehung

Als der Sabbat vorüber war, kauften Maria aus Magdala, Maria, die Mutter des Jakobus, und Salome wohlriechende Öle, um damit zum Grab zu gehen und Jesus zu salben. Am ersten Tag der Woche kamen sie in aller Frühe zum Grab, als eben die Sonne aufging. Sie sagten zueinander: »Wer könnte uns den Stein vom Eingang des Grabes wälzen?« Doch als sie hinblickten, sahen sie, dass der Stein schon weggewälzt war; er war sehr groß. Sie gingen in das Grab hinein und sahen auf der rechten Seite einen jungen Mann sitzen, der mit einem weißen Gewand bekleidet war; da erschraken sie sehr. Er aber sagte zu ihnen: »Erschreckt nicht! Ihr sucht Jesus von Nazaret, den Gekreuzigten. Er ist auferstanden; er ist nicht hier. Seht, da ist die Stelle, wo man ihn hingelegt hatte. Nun aber geht und sagt seinen Jüngern, vor allem Petrus: Er geht euch voraus nach Galiläa; dort werdet ihr ihn sehen, wie er es euch gesagt hat.«

Psalm

GL 712: Psalm 18 oder
GL 235, 3–4: Psalm 118 B

Fürbitten

Glücklich sind Eltern,
wenn ihr Wunsch nach einem Kind in Erfüllung gegangen
und ihre Hände das neue Leben jetzt halten.

Gib deine Ostersonne noch dazu!

Glücklich sind Kranke,
wenn angewandte Therapien gelungen
und ihre Füße das Laufen wieder beginnen.

Gib deine Ostersonne noch dazu!

Glücklich sind Problembeladene,
wenn sie den rechten Rat gefunden
und wieder mutig in die Zukunft schauen.

Gib deine Ostersonne noch dazu!

Glücklich sind Paare,
wenn ihre Konflikte ausgestanden
und das Miteinander neue Ebenen gefunden.

Gib deine Ostersonne noch dazu!

Glücklich sind Tote,
wenn sie jenes Tal durchschritten
und nun Platz nehmen am Tisch des Herrn.

Gib deine Ostersonne noch dazu!

Segen I

Für dich,
dessen Hoffnung am Ende:
Am dunklen Himmel leuchten erste Strahlen der Sonne.

Für dich,
dessen Liebe getötet:
Johannes hält Maria im Arm.

Für dich,
dessen Erbarmen vergessen:
Josef sucht für den Toten ein Grab.

Wider-Sprüche
vom Gott des Lebens
gegen den Tod,
gesprochen für dunkle Tage

Segen II

Der Herr segne dich,
der du gebildet wurdest
aus dem Staub der Erde (vgl. Gen 2,7)
und gesegnet bist von seinem Atem.

Er lasse dich seine Stimme hören,
wenn du einen Weg gehst,
der dich entfernt
von der Quelle des Lebens.

Er öffne dir die Augen
für die Vergänglichkeit der Welt,
und wenn dein Leib den Weg
alles Irdischen beendet,
schenke er dir in seinem Haus
den Platz des Unvergänglichen.

Er lindere die Angst vor jenem Tag
und schenke dir die Kraft des Vertrauens
dem Schmetterling gleich,
der mühelos und ohne Zorn
sich dem Entpuppen stellt.

Das gewähre dir der Gott,
der das Leben will und nicht den Tod.
Der Vater und sein Sohn
und der Leben spendende Geist. Amen.

Fallbeil

Fall Beil
und töte
den Kopf,
dessen Leib nicht verwest.
(vgl. Apg 13,34)

KREUZWEG II:

Los-Zeit

Einführung

Mensch-Werdung, das ist eine Geschichte des Los-lassens, ein ständiges Sterben und Abgeben, bis nichts mehr bleibt.

Darauf hat sich auch der Menschensohn eingelassen, wie Paulus den Christen seiner Tage schrieb: »Christus Jesus war Gott gleich, hielt aber nicht daran fest, wie Gott zu sein, sondern er entäußerte sich und wurde wie ein Sklave und den Menschen gleich.« (Phil 2,6–7)

Der folgende Kreuzweg lädt ein, sich Stationen des Loslassens zu stellen, letztlich dem eigenen Sterben nicht aus dem Weg zu gehen.

Gleichzeitig erinnert er daran, dass Gott selber sich auch auf diesen Weg eingelassen hat, er also wirklich um meine und deine Situation weiß. Das kann helfen, trotz aller Dramatik des Lebens, die Hoffnung nicht zu verlieren: »Muss ich auch wandern in finsterer Schlucht, ich fürchte kein Unheil; denn du bist bei mir, dein Stock und dein Stab geben mir Zuversicht.« (Ps 23,4)

Die Los-Zeit ist nach folgendem Muster aufgebaut:

1. **Musik**
2. **Szenische Darstellung**
3. **Text**
4. **Lesung**
5. **Musik**
6. **Gebet**
7. **Segen**

1. STATION: »MACHT-LOS«

Musik Le chemin de la croix von Marcel Dupré (Orgel oder CD)

Szenische Darstellung

Eine Dreiergruppe mit gefesselten Händen.

Text *Ein oder drei Sprecher:*

Kann man nichts machen,
wenn Krankheit über Nacht mich befällt
oder dich.

Kann man nichts machen,
wenn Behörde ein »Nein« beschieden
als letztes Wort.

Kann man nichts machen,
wenn Treue gebrochen vom anderen,
Liebe gekündigt wie Verträge es kennen.

Er wollt' es wissen, hautnah erfahren,
machtlos zu sein, um so zu verstehen,
was einst Gott geschaffen.

Lesung Mk 14,26–27; 43–50: Gefangennahme

Nach dem Lobgesang gingen sie zum Ölberg hinaus. Da sagte Jesus zu ihnen: »Ihr werdet alle an mir Anstoß nehmen und zu Fall kommen; denn in der Schrift steht: Ich werde den Hirten erschlagen, dann werden sich die Schafe zerstreuen.« Noch während er redete, kam Judas, einer der Zwölf, mit einer Schar von Männern, die mit Schwertern und Knüppeln bewaffnet waren; sie waren von den Hohenpriestern, den Schriftgelehrten und den Ältesten geschickt worden. Der Verräter hatte mit ihnen ein Zeichen vereinbart und gesagt: »Der, den ich küssen werde, der ist es. Nehmt ihn fest, führt ihn ab und lasst ihn nicht entkommen.« Und als er kam, ging er sogleich auf Jesus zu und sagte: »Rabbi!« Und er küsste ihn. Da ergriffen sie ihn und nahmen ihn fest. Einer von denen, die dabeistanden, zog das Schwert, schlug auf den Diener des Hohenpriesters ein und hieb ihm ein Ohr ab. Da sagte Jesus zu ihnen: »Wie gegen einen Räuber seid ihr mit Schwertern und Knüppeln ausgezogen, um mich festzunehmen. Tag für Tag war ich bei euch im Tempel und lehrte, und ihr habt mich nicht verhaftet; aber das ist geschehen, damit die Schrift in Erfüllung geht.« Da verließen ihn alle und flohen.

Musik wie oben oder GL 183:
Wer leben will wie Gott auf dieser Erde

Gebet Machtlos, der einst aus dem Nichts
gar Mächtiges schuf mit den Händen,
sei doch dem nah,
der machtlos da steht.

2. STATION: »SCHULD-LOS«

Musik Le chemin de la croix von Marcel Dupré

Szenische Darstellung

Eine Dreiergruppe in weißen Alben.

Text

»Deine Schuld«,
klingt's noch im Ohr,
wenn alles nicht läuft,
wie andre es wollen.

»Deine Schuld«,
ruft es mir nach:
Das Gegenüber, das abschiebt,
was eigener Schulter gehört.

»Deine Schuld«,
sagt mir der Blick,
der einfach davongeht,
im Regen stehen lässt: mich ganz allein.

Er wollt' es wissen, hautnah erfahren,
schuldlos zu sein, um so zu verstehen,
was einst Gott geschaffen.

Lesung Joh 18,28–40: Urteil des Pilatus

Von Kajaphas brachten sie Jesus zum Prätorium; es war früh am Morgen. Sie selbst gingen nicht in das Gebäude hinein, um nicht unrein zu werden, sondern das Paschalamm essen zu können. Deshalb kam Pilatus zu ihnen heraus und fragte: »Welche Anklage erhebt ihr gegen diesen Menschen?« Sie antworteten ihm: »Wenn er kein Übeltäter wäre, hätten wir ihn dir nicht ausgeliefert.« Pilatus sagte zu ihnen: »Nehmt ihr ihn doch, und richtet ihn nach eurem Gesetz!« Die Juden antworteten ihm:

»Uns ist es nicht gestattet, jemanden hinzurichten.« So sollte sich das Wort Jesu erfüllen, mit dem er angedeutet hatte, auf welche Weise er sterben werde. Pilatus ging wieder in das Prätorium hinein, ließ Jesus rufen und fragte ihn: »Bist du der König der Juden?« Jesus antwortete: »Sagst du das von dir aus, oder haben es dir andere über mich gesagt?« Pilatus entgegnete: »Bin ich denn ein Jude? Dein eigenes Volk und die Hohenpriester haben dich an mich ausgeliefert. Was hast du getan?« Jesus antwortete: »Mein Königtum ist nicht von dieser Welt. Wenn es von dieser Welt wäre, würden meine Leute kämpfen, damit ich den Juden nicht ausgeliefert würde. Aber mein Königtum ist nicht von hier.« Pilatus sagte zu ihm: »Also bist du doch ein König?« Jesus antwortete: »Du sagst es, ich bin ein König. Ich bin dazu geboren und dazu in die Welt gekommen, dass ich für die Wahrheit Zeugnis ablege. Jeder, der aus der Wahrheit ist, hört auf meine Stimme.« Pilatus sagte zu ihm: »Was ist Wahrheit?« Nachdem er das gesagt hatte, ging er wieder zu den Juden hinaus und sagte zu ihnen: »Ich finde keinen Grund, ihn zu verurteilen. Ihr seid gewohnt, dass ich euch am Paschafest einen Gefangenen freilasse. Wollt ihr also, dass ich euch den König der Juden freilasse?« Da schrien sie wieder: »Nicht diesen, sondern Barabbas!« Barabbas aber war ein Straßenräuber.

Musik wie oben oder GL 183:
Wer leben will wie Gott auf dieser Erde

Gebet Schuldlos,
der einst nach dem Willen des Vaters ohn' Sünde gelebt.
Sei doch dem nah,
der schuldlos da steht.

3. STATION: »RÜCKHALT-LOS«

Musik Le chemin de la croix von Marcel Dupré

Szenische Darstellung

Drei Darsteller hintereinander gruppiert. Zunächst fällt der letzte in der Reihe, danach der mittlere, der vordere gerät ins Schwanken.

Text

Fühl' mich verraten,
wenn der Freund nicht mehr weiß,
dass ich ihn so dringend gebraucht.

Fühl' mich verraten,
wenn einfach vergessen,
was gestern noch gültig, ja heilig sogar.

Fühl' mich verraten,
wenn hinter dem Rücken
Ränke geschmiedet, falsche Bilder gemalt.

Er wollt' es wissen, hautnah erfahren,
rückhaltlos zu sein, um so zu verstehen,
was einst Gott geschaffen.

Lesung Mk 14,66–72: Verleugnung durch Petrus

Als Petrus unten im Hof war, kam eine von den Mägden des Hohenpriesters. Sie sah, wie Petrus sich wärmte, blickte ihn an und sagte: »Auch du warst mit diesem Jesus aus Nazaret zusammen.« Doch er leugnete es und sagte: »Ich weiß nicht und verstehe nicht, wovon du redest.« Dann ging er in den Vorhof hinaus. Als die Magd ihn dort bemerkte, sagte sie zu denen, die dabeistanden, noch einmal: »Der gehört zu ihnen.« Er aber leugnete es wieder ab. Wenig später sagten die Leute, die dort standen, von neuem zu Petrus: »Du gehörst wirklich zu ihnen; du bist doch auch ein Galiläer.« Da fing er an zu fluchen und schwor: »Ich kenne diesen Menschen nicht, von dem ihr redet.« Gleich darauf krähte der Hahn zum zweiten Mal, und Petrus erinnert sich, dass Jesus zu ihm gesagt hatte: »Ehe der Hahn zweimal kräht, wirst du mich dreimal verleugnen.« Und er begann zu weinen.

Musik wie oben oder GL 183:
Wer leben will wie Gott auf dieser Erde

Gebet Rückhaltlos, der einst seine Freunde
vor Welle und Wasser bewahrt.
Sei doch dem nah,
der rückhaltlos da steht.

4. STATION: »TROST-LOS«

Musik Le chemin de la croix von Marcel Dupré

Szenische Darstellung

Eine Dreiergruppe, die ihre Köpfe in schwarze Tücher gehüllt haben.

Text

Trostlos,
wenn die Hand nicht mehr da,
die meine gestern noch feste gehalten.

Trostlos,
wenn Klage kein Ohr des Menschen erreicht,
nur noch dem Wind anvertraut.

Trostlos,
wenn Hilfe versprochen
und dann nicht gewährt.

Er wollt' es wissen, hautnah erfahren,
trostlos zu sein, um so zu verstehen,
was einst Gott geschaffen.

Lesung Lk 23,27–31: Weinende Frauen

Es folgte eine große Menschenmenge, darunter auch Frauen, die um ihn klagten und weinten. Jesus wandte sich zu ihnen um und sagte: »Ihr Frauen von Jerusalem, weint nicht über mich; weint über euch und eure Kinder. Denn es kommen Tage, da wird man sagen: Wohl den Frauen, die unfruchtbar sind, die nicht geboren und nicht gestillt haben. Dann wird man zu den Bergen sagen: Fallt auf uns!, und zu den Hügeln: Deckt uns zu! Denn wenn das mit grünem Holz geschieht, was wird dann erst mit dem dürren werden?«

Musik wie oben oder GL 183:
Wer leben will wie Gott auf dieser Erde

Gebet Trostlos, der einst jener Witwe
bei Nain den Sohn wiedergab.
Sei doch dem nah,
der trostlos da steht.

Musik Le chemin de la croix von Marcel Dupré

Szenische Darstellung

Eine Dreiergruppe mit nackten Oberkörpern und bloßen Füssen.

Text

Bloßgestellt, Scham im Gesicht,
wenn Schwächen zu Markte getragen,
wie Brot feilgeboten.

Bloßgestellt, Scham im Gesicht,
wenn das Ideal nicht gelungen,
stattdessen der Fall.

Bloßgestellt, Scham im Gesicht,
wenn Böses von einst mich immer begleitet,
Neues unmöglich gedacht.

Er wollt' es wissen, hautnah erfahren,
schutzlos zu sein, um so zu verstehen,
was einst Gott geschaffen.

Lesung Mk 15,16–20: Verspottung

Die Soldaten führten ihn in den Palast hinein, das heißt in das Prätorium, und riefen die ganze Kohorte zusammen. Dann legten sie ihm einen Purpurmantel um und flochten einen Dornenkranz; den setzten sie ihm auf und grüßten ihn: »Heil dir, König der Juden!« Sie schlugen ihm mit einem Stock auf den Kopf und spuckten ihn an, knieten vor ihm nieder und huldigten ihm. Nachdem sie so ihren Spott mit ihm getrieben hatten, nahmen sie ihm den Purpurmantel ab und zogen ihm seine eigenen Kleider wieder an. Dann führten sie Jesus hinaus um ihn zu kreuzigen.

Musik wie oben oder GL 183:
Wer leben will wie Gott auf dieser Erde

Gebet Schutzlos, der einst in die Mitte gestellt
zum Tod verurteilte Frau,
sei doch dem nah,
der schutzlos da steht.

6. STATION: »WERT-LOS«

Musik Le chemin de la croix von Marcel Dupré

Szenische Darstellung

Eine Dreiergruppe zerknüllt glattes Goldpapier.

Text

Hat keinen Wert mehr,
wenn all die Dinge mehrmals gesagt
und doch nichts geschieht.

Hat keinen Wert mehr,
wenn Pläne utopisch,
der Alltag ganz anderes fordert.

Hat keinen Wert mehr,
wenn Einspruch ohn' Echo verhallt,
einfach alles getan.

Er wollt' es wissen, hautnah erfahren,
wertlos zu sein, um so zu verstehen,
was einst Gott geschaffen.

Lesung Mk 15,22–32: Kreuzigung

Und sie brachten Jesus an einen Ort namens Golgota, das heißt übersetzt: Schädelhöhe. Dort reichten sie ihm Wein, der mit Myrrhe gewürzt war; er aber nahm ihn nicht. Dann kreuzigten sie ihn. Sie warfen das Los und verteilten seine Kleider unter sich und gaben jedem, was ihm zufiel. Es war die dritte Stunde, als sie ihn kreuzigten. Und eine Aufschrift auf einer Tafel gab seine Schuld an: Der König der Juden. Zusammen mit ihm kreuzigten sie zwei Räuber, den einen rechts von ihm, den anderen links. Die Leute, die vorbeikamen, verhöhnten ihn, schüttelten den Kopf und riefen: »Ach, du willst den Tempel niederreißen und in drei Tagen wieder aufbauen? Hilf dir doch selbst, und steig herab vom Kreuz!« Auch die Hohenpriester und die Schriftgelehrten verhöhnten ihn und sagten zueinander: »Anderen hat er geholfen, sich selbst kann er nicht helfen. Der Messias, der König von Israel! Er soll doch jetzt vom Kreuz herabsteigen, damit wir sehen und glauben.«

Musik wie oben oder GL 183:
Wer leben will wie Gott auf dieser Erde

Gebet Wertlos, der einst von Johannes
am Jordan so würdig genannt.
Sei doch dem nah,
der wertlos da steht.

7. STATION: »GOTT-LOS«

Musik Le chemin de la croix von Marcel Dupré

Szenische Darstellung

Eine Dreiergruppe hält, die Augen mit der Hand vor dem Licht schützend, Ausschau.

Text

Wo ist denn dein Gott,
wenn Kinder verhungern,
an Steinen nagen statt an dem Brot.

Wo ist denn dein Gott,
wenn Bomben nicht nur gebaut,
tatsächlich geworfen von menschlicher Hand.

Wo ist denn dein Gott,
wenn Schrei nach der Hilfe
selbst von ihm nicht gehört.

Er wollt' es wissen, hautnah erfahren,
gottlos zu sein, um so zu verstehen,
was einst Gott geschaffen.

Lesung Mk 15,33–41: Tod Jesu

Als die sechste Stunde kam, brach über das ganze Land Finsternis herein. Sie dauerte bis zur neunten Stunde. Und in der neunten Stunde rief Jesus mit lauter Stimme: »Eloï, Eloï, lema sabachtani?«, das heißt übersetzt: »Mein Gott, mein Gott, warum hast du mich verlassen?« Einige von denen, die dabeistanden und es hörten, sagten: »Hört, er ruft nach Elija!« Einer lief hin, tauchte einen Schwamm in Essig, steckte ihn auf einen Stock und gab Jesus zu trinken. Dabei sagte er: »Lasst uns doch sehen, ob Elija kommt und ihn herabnimmt.« Jesus aber schrie laut auf. Dann hauchte er den Geist aus.

Da riss der Vorhang im Tempel von oben bis unten entzwei. Als der Hauptmann, der Jesus gegenüberstand, ihn auf diese Weise sterben sah, sagte er: »Wahrhaftig, dieser Mensch war Gottes Sohn.« Auch einige Frauen sahen von weitem zu, darunter Maria aus Magdala, Maria, die Mutter von Jakobus dem Kleinen und Joses, sowie Salome; sie waren Jesus schon in Galiläa nachgefolgt und hatten ihm gedient. Noch viele andere Frauen waren dabei, die mit ihm nach Jerusalem hinaufgezogen waren.

Musik wie oben oder GL 183:
Wer leben will wie Gott auf dieser Erde

Gebet Gottlos, der einst an der Seite des Vaters
als Sohn gern geruht.
Sei doch dem nah,
der gottlos da steht.

Als Schlussteil kann angefügt zum Beispiel angefügt werden:

Fürbitten siehe Kreuzweg I oder andere

Vaterunser

Segen siehe Kreuzweg I oder der folgende:

Der Arme ausgebreitet
dort am Kreuz
zog so geschaffne, auch gefallne Welt
ganz fest an sich (vgl. Joh 12,32),
wie Liebende es tun.
Er breit' auch jetzt
solch Arme für euch aus
und lade ein,
dem Halt zu geben,
der haltlos Schulter sucht,
gar Hand.

Das wird dann helfen, aufzustehn
wie's ihm geschehen
einst am Dritten Tag.
Dazu wird Gott den Segen geben,
dein Vater,
unser Bruder,
aller Geist. Amen.

BUSSGOTTESDIENST VOR OSTERN:
Ich wasche meine Hände in Unschuld

Vorbereitungen

Folgende Materialien müssen bereitgestellt werden:
ein Krug mit Wasser, eine Schüssel, ein weißes Handtuch

Einzug GL 616, 1.3: »Mir nach«, spricht Christus oder
GL 621, 1–3: Ich steh vor dir mit leeren Händen, Herr

Begrüßung Der Herr sei mit Euch!
Alle: Und mit deinem Geiste!

Liebe Gemeinde! Die alten Germanen haben im Frühjahr die bösen Wintergeister ausgetrieben, damit sie der kommenden Sonne nicht mehr im Wege sind. Ähnliches wollen wir heute tun, all das Böse, das es in uns und unserer Gemeinde gibt, fortschaffen, damit unsere Ostersonne, Jesus Christus, in neuem Licht erscheine. Es wird Mühe kosten, das weiß ich, doch Gottes Geist wird uns beistehen, wenn wir nun darum bitten:

Gebet Gott, sende vom Himmel her deinen guten und heiligen Geist. Er helfe uns all das Böse zu verbannen, das wir getan oder das wir zugelassen haben. Dann wird Angst weichen und Vertauen wachsen, Unrecht ein Ende finden und Gerechtigkeit blühen. So kann dein Reich wachsen, immer mehr, mitten unter uns Menschen, heute und an den kommenden Tagen des Lebens. Amen.

Gewissensforschung

Die Szene ist Ihnen vertraut seit Kindertagen:
Vor dem ganzen Volk wäscht Pilatus seine Hände in Unschuld. Mit dem Mord an Jesus hat er nichts zu tun,

das ist Sache der Juden! Pilatus ist lange tot, die Szene ist immer noch lebendig: Menschen behaupten, mich geht das nichts an! Mit der Sache habe ich nichts zu tun! Ich lade Sie ein, zu prüfen, ob es Ihnen auch so geht wie dem römischen Stadthalter von Jerusalem.

BEISPIEL A **Bericht aus der Dritten Welt**

Lektor A: Sie wohnte am Rande der Stadt in einer miserablen Hütte: durchlöchertes Dach, drei Möbelstücke in zwei winzigen Zimmern, drei kleine Kinder, dem Hungertod nahe. Die Frau personifizierte die totale Verzweiflung und Resignation, als sie von einer Gruppe ehrenamtlicher Helfer aufgespürt wurde, welche die Familie, der Mann war vor vier Monaten davongelaufen, langsam wieder mit dem Allernötigsten versorgte. Eines Tages konnte ich selber einen kleinen Besuch machen. Ich brachte als Geschenk eine Schachtel Zündhölzer mit. Die Frau weinte vor Freude und sagte: »Pater, jetzt kann ich nachts, wenn die Kleine weint, wieder aufstehn, Licht machen und nachsehen, was ihr fehlt!«

Lektor B: Was geht mich die Dritte Welt an! Damit habe ich nichts zu tun. Die Leute, die dort leben, sollen sehen, wie sie zurechtkommen.
Ich wasche meine Hände in Unschuld!

Lektor B tritt nun vor den Altar, ein Messdiener gießt Wasser über dessen »unschuldige« Hände und trocknet sie danach ab. Ein anderer Lektor ruft:

Du kannst deine Hände in Unschuld waschen –
doch damit ist nichts erreicht.

Orgelmusik oder Stille

BEISPIEL B Bericht über Rüstung – Am Rande des Abgrunds

Lektor A: Die Stärke der Hiroshima-Bombe übertraf die konventionellen »Häuserblockknacker«, welche die britische Luftwaffe über Berlin abwarf, mehr als tausendmal. Heute transportieren Bomber der Vereinigten Staaten – zweifellos auch Bomber anderer Nationen – Sprengköpfe, die mehr als tausendmal so stark sind wie die Hiroshima-Bombe. Dadurch wurde die »Leistung« eines einzelnen Bombers im Luftangriff millionenfach gesteigert. Eine einzige Zwanzig-Megatonnen-Bombe hat ungefähr die vierzehnfache Sprengkraft sämtlicher von den Alliierten während des Zweiten Weltkriegs über Deutschland abgeworfenen Bomben.

Aber ... das sind Zahlen von gestern. Täglich steigt das Waffenpotential. Schon ein Bruchteil der verfügbaren Atomwaffen kann alles Leben auf der Erde radikal vernichten.

Lektor B: Was gehen mich Fragen der Rüstung an. Die Militärs und die Politiker haben dafür die Verantwortung.
Ich wasche meine Hände in Unschuld!

Lektor B tritt nun vor den Altar, ein Messdiener gießt Wasser über dessen »unschuldige« Hände und trocknet sie danach ab. Ein anderer Lektor ruft:

Lektor C: Du kannst deine Hände in Unschuld waschen –
doch damit ist nichts erreicht.

Orgelmusik oder Stille

BEISPIEL C **Bericht über Umweltverschmutzung**

Lektor A: Millionen Tonnen Müll belasten unsere Umwelt. Wenn wir unseren Müll einfach wegwerfen, ist er nicht nur hässlich, sondern auch gefährlich.
Das Regenwasser sickert durch den Abfall und spült die schädlichen Stoffe ins Grundwasser. Das kann böse Folgen für das Trinkwasser haben.
Wenn wir unseren Müll verbrennen, verschmutzen wir unsere Luft. Denn bei der Verbrennung werden mehr oder weniger große Mengen an Schadstoffen, wie Schwefeldioxyd, Schwermetalle und Säuren, freigesetzt.
Wenn wir unseren Müll unachtsam deponieren, verschandeln wir unsere Landschaft und schaden auch der Natur.
Zugegeben, mit Müll müssen wir leben. Aber wenn wir ihn weiter so gedankenlos anfallen lassen oder womöglich gewissenlos entsorgen, ist unsere Umwelt nicht mehr lange zu genießen. Nicht nur weil wir damit unsere Mutter Erde unheilbar krank machen, sondern weil wir auch alle Rohstoffe und Energien dieser Erde sinnlos vergeuden. Knapp sind sie ohnehin und auch bald schon erschöpft.

Lektor B: Was geht mich der Müllberg und die Rohstofffrage an. Das ist Sache der Wirtschaft. Sollen sich Chemiker darum bemühen. Ich wasche meine Hände in Unschuld!

Lektor B tritt nun vor den Altar, ein Messdiener gießt Wasser über dessen »unschuldige« Hände und trocknet sie danach ab. Ein anderer Lektor ruft:

Lektor C: Du kannst deine Hände in Unschuld waschen –
doch damit ist nichts erreicht.

Orgelmusik oder Stille

BEISPIEL D **Bericht über Glaubensweitergabe**

Lektor A: Fast alle Neugeborenen werden immer noch getauft, werden auch später zur Erstkommunion angemeldet. Doch nach dem Weißen Sonntag kommen nur noch 20 % zur Kirche, dann noch 10 %, dann noch 3 %. Ob nur dieses Fest wichtig war? Viele Kinder können nicht mehr beten, können kein Kreuzzeichen, wissen an Ostern mehr vom Osterhasen als vom auferstandenen Jesus Christus. Das ist nun mal so, da kann man nichts machen, sagen die einen. Soll sich der Pastor darum kümmern, Religion ist ja seine Sache, dafür wird er ja bezahlt, sagen die anderen. Was geht uns das an. Und wenn zuwenig Pfarrer da sind, dann sollen halt die Religionslehrer dafür Sorge tragen, die sind ja auch noch da!

Lektor B: Was gehen mich andere Leute Kinder an. Die gehören denen, sollen die sich darum kümmern oder die Kirche, ich meine die Pfarrer.
Ich wasche meine Hände in Unschuld.

Lektor B tritt nun vor den Altar, ein Messdiener gießt Wasser über dessen »unschuldige« Hände und trocknet sie danach ab. Ein anderer Lektor ruft:

Lektor C: Du kannst deine Hände in Unschuld waschen –
doch damit ist nichts erreicht.

Orgelmusik oder Stille

Nicht gewusst?

Dass Juden weg mussten
nach Dachau, nach Auschwitz.

Dass Polen überfallen wurde
und Frankreich und auch die Tschechei.

Dass man an Menschen probiert,
und jedes Fragen verboten.

Das hat niemand gewusst?
Das hat niemand gewusst?

Und wenn, wäre nicht Schuld
auch an meiner so weiß doch geglaubten Weste?

Dass Waffen schon wieder geschmiedet
und immer noch Übung für allerlei Krieg,

Dass Welt noch geteilt in Gute und Böse,
der Mensch an Feinschaft gewöhnt,

Dass Stimmen für Frieden verlacht
und weltfremd gescholten.

Das hat niemand gewusst?
Das hat niemand gewusst?

Und wenn, wäre nicht Schuld
auch an meiner so weiß doch geglaubten Weste?

Dass Kinder verhungern,
verdursten, weggeworfen wie Stroh,

Dass Brot hier in Fülle,
der Reis aus dem Land der Armen noch kommt,

Dass einer das Leben des anderen bestimmt
und Angst unsern Glauben vergiftet.

Das hat niemand gewusst?
Das hat niemand gewusst?

Und wenn, wäre nicht Schuld
auch an meiner so weiß doch geglaubten Weste?

Dass Nichtstun und Zusehn
zu neuer Gewalt noch verhilft,

Dass Hören und Schweigen
dem Täter die Tat nie verleidet,

Dass Wegschaun und Umdrehn
das Unrecht niemals verhindert.

Das hat niemand gewusst?
Das hat niemand gewusst?

Und wenn, wäre nicht Schuld
auch an meiner so weiß doch geglaubten Weste?

Schuldbekenntnis

GL 190: Psalm 51 (nur Vorsänger oder Gruppe)
Nach jedem dritten Psalmvers Kehrvers GL 160:
Bekehre uns; vergib die Sünde

Vergebung Gott kann nicht nur Sündern vergeben; er will es auch! Durch Jesus, seinen Sohn, hat er dies ausrichten lassen. Wer zu ihm kommt, den wird er nicht zurückweisen.

Evangelium Lk 23,35–43: Schächer

Die führenden Männer des Volkes verlachten ihn und sagten: »Anderen hat er geholfen, nun soll er sich selbst helfen, wenn er der erwählte Messias Gottes ist.«
Auch die Soldaten verspotteten ihn; sie traten vor ihn hin, reichten ihm Essig und sagten: »Wenn du der König der Juden bist, dann hilf dir selbst!«
Über ihm war eine Tafel angebracht; auf ihr stand: »Das ist der König der Juden.«
Einer der Verbrecher, die neben ihm hingen, verhöhnte ihn:
»Bist du denn nicht der Messias? Dann hilf dir selbst und auch uns!« Der andere aber wies ihn zurecht und sagte: »Nicht einmal du fürchtest Gott? Dich hat doch das gleiche Urteil getroffen. Uns geschieht recht, wir erhalten den Lohn für unsere Taten; dieser aber hat nichts Unrechtes getan.«
Dann sagte er: »Jesus, denk an mich, wenn du in deiner Macht als König kommst.«
Jesus antwortete ihm: »Amen, ich sage dir: Heute noch wirst du mit mir im Paradies sein.«

Vergebungsbitte

Der Zelebrant breitet die Hände aus:

Gott hat seine Hände nicht in Unschuld gewaschen.
Er, der gerechte Richter, hat seinen Sohn dahingegeben.

Der, der ohne Schuld war, ist für unsere Schuld in den Tod gegangen. Deshalb lautet das Urteil Gottes für uns Sünder: Freispruch!
Gott wird uns heilen von aller Schuld, unsere Verantwortungslosigkeit vergessen und uns helfen, neu zu beginnen.
So erbarme sich euer Gott, der Allmächtige; die Schuld lasse er euch nach und nehme euch einmal ins Paradies am Ende der Tage. Amen.

Lied GL 266, 1–2: Nun danket alle Gott

Fürbitten Wie der Schächer damals, so wenden wir uns heute an den, der die Schuld der Menschen trug. Wir hoffen, er wird verstehen, um was wir ihn bitten:

➢ Menschen sehen weg, vergessen sogar,
wenn Kinder auf der Straße herumliegen,
die Teller leer bleiben,
der Reichtum die Armen vernichtet.

Herr, sieh du nicht weg!
Erbarme dich der Opfer, aber auch der Täter!

➢ Menschen sehen weg, vergessen sogar,
wenn Waffen geschmiedet,
Soldaten für den Krieg üben,
Nachbarvölker aufeinander schießen.

Herr, sieh du nicht weg!
Erbarme dich der Opfer, aber auch der Täter!

➢ Menschen sehen weg, vergessen sogar,
wenn Bäume lautlos sterben,
Wasser zu Kloaken werden,
Chemie nach dem Leben trachtet.

Herr, sieh du nicht weg!
Erbarme dich der Opfer, aber auch der Täter!

➢ Menschen sehen weg, vergessen sogar,
wenn Kirchen sich leeren,
Kinder Geschichten der Bibel nicht kennen,
Gott ein Fremdwort geworden.

Herr, sieh du nicht weg!
Erbarme dich der Opfer, aber auch der Täter!

oder:
Lasset uns beten für die so genannte Dritte Welt,
für Menschen, die dort in Armut und Hunger leben,
für die Mächtigen und die Großgrundbesitzer,
die Verantwortung tragen für das Elend der Vielen,
für Entwicklungshelfer und kirchliche Mitarbeiter,
die ihr Leben für die Armen einsetzen,
für jene, die Gelder geben und Kleidung und Nahrung
und für alle, die ihre Stimme erheben gegen Ausbeutung,
Unterdrückung und Diktatur.

Antwortruf: GL 358, 3

Lasset uns beten für alle, die am Frieden der Welt bauen,
für Staatsmänner, die glauben ein Gleichgewicht der Kräfte verhindere den Krieg,
für jene, die eintreten für Abrüstung und Gewaltverzicht,
für die Soldaten hüben und drüben, für Wehrdienstverweigerer, und für den so genannten kleinen Mann, der jeden Tag in Familie und Betrieb im Frieden zu leben versucht.

Antwortruf: GL 358, 3

Lasset uns beten für alle, die für das Wohl unserer Erde Sorge tragen:

für Mitarbeiter der Umweltbehörden und Naturschützer,
für Industrie und Landwirtschaft,
für alle, die auf der Seite, der so genannten »Grünen« stehen und für ihre Gegner,
für die Energieverschwender und Umweltverschmutzer und für alle, denen die Natur als Gottes Geschenk heilig ist.

Antwortruf: GL 358, 3

Lasset uns beten für alle, die gebunden sind an Jesus Christus und an seine Botschaft,
für jene, die aufgerufen sind, den Glauben weiterzugeben:
für Bischöfe, Priester, Diakone und Religionslehrer,
für die Katecheten, die bei uns und anderswo die Kinder auf die Sakramente vorbereiten,
für die Eltern, die erste Glaubenszeugen ihrer Kinder sind,
und für die ganze christliche Gemeinde.

Antwortruf: GL 358, 3

Vaterunser

Segen

Der Herr sei mit euch!
Alle: Und mit deinem Geiste!

Es segne euch alle, der menschenfreundliche Gott: der Vater und der Sohn und der Heilige Geist. Amen.

Gehet hin in Frieden!
Alle: Dank sei Gott dem Herrn!

Auszug

GL 616, 5: So lasst uns denn dem lieben Herrn

FASTENZEIT I:

Re-Form

Einführung

Es geht um Reform bzw. um Renovierung. Dazu lädt die österliche Bußzeit ein: die Kirche wieder in Form zu bringen, besonders die Menschen in ihr, sie neu erstrahlen lassen (vgl. Röm 12,2; Kol 3,9).

– Gebete und Fürbitten bleiben an jedem Sonntag der Fastenzeit gleich.

– Lesungen vom Tage mit dem Fokus »Re-Form« gelesen.

– Statt der Predigten stellt jeden Sonntag eine andere Gruppe der Gemeinde ihre Reformwünsche vor. Es eignen sich dazu Plakate mit den jeweiligen Stichwörtern.

– In der Kirche werden alle Figuren in Nylonfolie verpackt, eventuell auch die Bilder, zudem werden eine große Malerleiter aufgestellt, Farbeimer im Kirchenraum verteilt und ein Gerüst an eine Wand gestellt.

Gebet zum Anfang

Herr, hilf uns, deine Kirche neu zu bauen,
lass sie erstrahlen in dem Glanz, den du ihr zugedacht.
Damit uns dies gelingt – mit deiner Hilfe –,
gib uns erneut dein Wort, den Plan von großer Zukunft.
Das ist und wird ein fester Grund,
der trägt und hält bis zu der Ewigkeit, die kommt. Amen.

Meditation zum Schluss

Dein Wort gab Kraft
nicht nur dem Mann aus Nazaret,
auch uns, die ähnlich mühevolle Wege gehen.
Lass doch erfahren, dass wir nie allein –
auch nicht im Dunkel –,
dass stets du treu begleitest den,
der jenem Tag entgegengeht,
da neues Mahl gefeiert wird
in deinem Reich,
das du am Ende baust. Amen.

Fürbitten I

Reform – ein neues Ziel, das braucht unsere Kirche:
Wir beten für unsere Bischöfe,
besonders für ... (Diözesanbischof),
dass sie mutig vorangehen.

Reform – ein neues Programm, das braucht unsere Kirche:
Wir beten für unsere Theologen,
dass sie genügend Phantasie dafür entwickeln.

Reform – ein neues Leben, das braucht unsere Kirche:
Wir beten für unsere Gemeinde,
dass sie viel Raum dafür zur Verfügung stellt.

Reform – ein neues Gesicht, das braucht unsere Kirche:
Wir beten für unsere Kinder und Jugendlichen,
dass sie uns kräftig herausfordern.

Reform – ein neues Engagement, das braucht unsere Kirche:
Wir beten für unsere Ängstlichen,
dass sie Schritt für Schritt Neues probieren.

Fürbitten II

Aus Babys werden Kinder, sie verändern sich –
und für die Entwicklung ihrer Talente wollen wir beten.

Aus Kindern werden Jugendliche, sie verändern sich –
und für die Entwicklung ihrer Talente wollen wir beten.

Aus Jugendlichen werden Erwachsene, sie verändern sich –
und für die Entwicklung ihrer Talente wollen wir beten.

Aus Erwachsenen werden Alte, sie verändern sich –
und für die Entwicklung ihrer Talente wollen wir beten.

Aus Alten werde Tote, sie verändern sich –
und für die Entwicklung ihrer Talente wollen wir beten.

 Gründonnerstag

Am Tisch fehlen solche Menschen,
die wir Juden nennen.
Menschen, die dir, Herr, auch am Herzen liegen!
Lass sie dir begegnen.

Am Tisch fehlen solche Menschen,
die wir Orthodoxe nennen.
Menschen, die dir, Herr, auch am Herzen liegen!
Lass sie dir begegnen.

Am Tisch fehlen solche Menschen,
die wir Protestanten nennen.
Menschen, die dir, Herr, auch am Herzen liegen!
Lass sie dir begegnen.

Am Tisch fehlen solche Menschen,
die wir Anglikaner nennen.
Menschen, die dir, Herr, auch am Herzen liegen!
Lass sie dir begegnen.

Am Tisch fehlen solche Menschen,
die wir Nichtchristen nennen.
Menschen, die dir, Herr, auch am Herzen liegen!
Lass sie dir begegnen.

Am Tisch fehlen solche Menschen,
die wir Heiden nennen.
Menschen, die dir, Herr, auch am Herzen liegen!
Lass sie dir begegnen.

FASTENZEIT II:
Leben im goldenen Käfig

Einführung

Das Thema für die 40 Tage der österlichen Bußzeit will uns die vielen (goldenen) Käfige heutiger Zeit vor Augen führen, damit wir dieses Phänomen wahrnehmen, vielleicht sogar erschrecken über den Verlust christlicher Freiheit.

Vielleicht gelingt es uns in diesen 40 Tagen umzukehren, ja, Er-Lösung zu erfahren, um die wir in jedem Vaterunser bitten?

Im Altarraum steht während der ganzen Fastenzeit ein Käfig aus Metall, Draht oder Holz mit verschlossener Tür. Er soll so groß sein, dass sich 2–3 Menschen darin aufhalten können. Der Käfig kann an jedem Sonntag mit einem Plakat geschmückt werden, auf dem jeweils das Thema oder Symbole abgebildet sind.

Leittexte sind Rilkes »Der Panther« und die Evangelien der Fastenzeit, Lesejahr B, Ausnahmen bilden der 3. und 5. Sonntag, die dem Lesejahr A entnommen sind. Daraus ergeben sich die einzelnen Themen:

1. Sonntag:	Im Käfig der Macht	Mk 1,12–15: Versuchung Jesu
2. Sonntag:	Im Käfig des Glanzes	Mk 9,2–10: Verklärung Jesu
3. Sonntag:	Im Käfig der Religion	Joh 4,5–42: Samariterin am Jakobsbrunnen
4. Sonntag:	Im Käfig der Rolle	2Chr 36,14–16; 19–23: Rückkehr Israels
5. Sonntag:	Im Käfig der Dritten Welt	Joh 11,1–45: Auferweckung des Lazarus
6. Sonntag	Im Käfig der Masse	Mk 11,1–10: Einzug in Jerusalem

Bußakt GL 712, 2: Psalm 18
GL 746, 3: Psalm 116

Gebet (an allen Sonntagen einsetzbar)

Frei wie Vögel dort am Horizont,
Herr, so hast du der Menschen Leben einst geplant.
Nicht Sklave soll er sein, den du ins Herz geschlossen,
und niemand Knecht noch Magd.
Doch wir sind nachgerannt all dem,
was Menschen fesselt, statt deiner Botschaft noch zu trauen.
So sitzen wir im Goldnen Käfig drin,
sogar noch selbst gebaut,
und bitten um das Wort,
das wieder Freiheit schenken kann und wird
durch Christus, Herr und der Erlöser. Amen.

Der Panther

(Im Jardin des Plantes, Paris)

Sein Blick ist vom Vorübergehn der Stäbe
so müd geworden, dass er nichts mehr hält.
Ihm ist, als ob es tausend Stäbe gäbe
und hinter tausend Stäben keine Welt.

Der weiche Gang geschmeidig starker Schritte,
der sich im allerkleinsten Kreise dreht,
ist wie ein Tanz von Kraft um eine Mitte,
in der betäubt ein großer Wille steht.

Nur manchmal schiebt der Vorhang der Pupille
sich lautlos auf –. Dann geht ein Bild hinein,
geht durch der Glieder angespannte Stille –
und hört im Herzen auf zu sein.

Rainer Maria Rilke

1. FASTENSONNTAG (Lesejahr B – Mk 1,12–15)
IM KÄFIG DER MACHT

Intention: Macht kann für den Menschen ein Käfig sein, in dem er wie ein Gefangener sitzt und so den Menschen aus den Augen verliert, ihn gar knechtet. Jesus hat dieser Gefahr widerstanden.

Liebe Gemeinde,
nie wird er sie vergessen: diese schreckliche Ohnmacht am Anfang seines Lebens. angewiesen auf das Wohlwollen einer Mutter. Es liegt allein in ihrer Hand, ob sie den Menschen wachsen lässt und gebärt oder ob sie ihn weghaben will, weil er stört, und ihn deshalb abtreiben lässt: jenen kleinen Embryo, wehrlos noch dazu. Was will er schon dagegensetzen? Wie solcher Übermacht adäquat begegnen?

Das wird nicht viel anders sein nach seiner Geburt: vor Hunger schreit er sich weg, der kleine Mensch – aber andere bestimmen, ob ihm die Brust gereicht, die Banane zerdrückt, die Möhre gekocht wird: andere, allmächtige Große.

Solche Urerfahrung kann er nicht vergessen. Der Mensch hat sie tief drinnen im Unterbewusstsein abgespeichert, dort notiert für alle Zeiten und als Gegenmittel den Trotz erfunden. Er wird dem Kind helfen, »Nein« zu sagen, den Kopf zu schütteln, gar zu beißen und zu treten, wenn es anders will als diese Großen wollen! Nie mehr in solche Abhängigkeit geraten heißt von nun sein Programm – es wird ein Leben lang fortlaufen! Das ist so sicher wie das »Amen« in unserer Kirche. »Und weißt du was das Schlimmste ist«, hat mir einmal der zwölfjährige Johannes zugerufen, »dass du total abhängig bist von denen – gemeint waren seine Eltern – du musst einfach machen, was die wollen!«

Wahrscheinlich sind die meisten Eltern gar nicht so schlimm, wie eben beschrieben. Aber können Sie aus dem Blickwinkel des Kindes, das Sie ja auch mal selber waren, nachvollziehen, dass Ohnmacht, dass Abhängigkeit so von den Jüngsten erfahren wird, dass sie darunter leiden?

Und heimlich tat dann jeder diesen Schwur: Lasst mich mal mächtig werden, lasst mich erst mal an die Macht kommen. Ich zahle alles heim! So wird im Menschen der kleine Tyrann geboren, wie Jean-Paul Sartre in seinem Werk »Die Kindheit eines Chefs« nachzuweisen versucht. Der Dichter ist auf der richtigen Fährte! Denn der Mensch will Macht, will nie mehr ohnmächtig sein und greift überall danach, wo es möglich wird: in der Familie, in der Schule und am Arbeitsplatz, in der Partei, in Staat und Kirche, hier in unserer Gemeinde, gerade überall, wo Gelegenheit sich bietet: ein Thron nicht besetzt, ein Machthaber gestürzt, ein Patriarch abgedankt.

Das Gefährliche daran ist: Macht kann sich verselbstständigen, kann ein Käfig werden, der den Menschen gefangen hält, so sehr, dass er nicht mehr wahrnehmen kann, worum es eigentlich geht: um das Wohl des Menschen und das der Welt und nicht darum, wie behalte ich meinen Thron, und nicht darum, wer ist der größte, und nicht darum, wen die Menschen am meisten fürchten.

Im schlimmsten Fall entwickelt sich die Diktatur, und es gibt sie nicht nur als Staatsform! Auch die Partei kann es sein, der kleinste Verein wird nicht davor bewahrt, Dörfer und Städte können davon angesteckt werden und keine Großfamilie ist davor gefeit, übrigens auch Kirche und Gemeinde nicht. Spätestens dann merken wir, dass Macht den Menschen gefangen hält: nicht nur die Andersdenkenden, die oppositionelle Partei, die kritischen Stimmen, nein, zunächst die Machthaber selber. Sie sitzen als erste im goldenen Käfig und »müssen so handeln«, wie es dann »mit der Bitte um Verständnis« so schön heißt.

Jesus wurde diese Macht angeboten, warum sollte er diese Versuchung nicht kennen lernen. Wenn schon Mensch geworden, dann bitteschön richtig! Und die Bibel lässt bezeichnenderweise den Satan das Angebot unterbreiten. Damit wird deutlich darauf hingewiesen, dass sich in der Macht teuflische Elemente verbergen, dass mit ihr vorsichtig zu verfahren ist, ähnlich wie mit der Macht des Atoms. Die unsachgemäße Handhabung kann das Böse entfesseln. Und wer hat dann die Macht, es zu halten?

Doch der Menschensohn lehnt ab! Er ist gekommen, um zu dienen (vgl. Mt 20,28), das heißt nicht, die Macht aus der Welt zu nehmen, sondern sie anders einzusetzen als die Mächtigen es tun. Jesus will so mit ihr umgehen, dass sie Menschen wieder auf die Beine hilft, dass sie heilt und frei werden lässt von Mächten, die den Menschen wie Dämonen bestimmen. Der Käfig stand also auch für ihn offen. Er hat dankend abgelehnt, die Falle rechtzeitig entdeckt. Amen.

Fürbitten – 1. Fastensonntag

Im Käfig der Macht sitzen Politiker,
streiten über viele Programme
und vergessen den Menschen.
Ein stilles Gebet für sie!

Im Käfig der Macht sitzen Bischöfe,
streiten über viel Dogmatisches
und vergessen den Menschen.
Ein stilles Gebet für sie!

Im Käfig der Macht sitzen Wirtschaftsbosse,
streiten über Gewinne
und vergessen den Menschen.
Ein stilles Gebet für sie!

Im Käfig der Macht sitzen viele Arbeitnehmer,
streiten über Paragraphen
und vergessen den Menschen.
Ein stilles Gebet für sie!

Im Käfig der Macht sitzen viele Gemeinden,
streiten über viele Nebensächlichkeiten
und vergessen den Menschen.
Ein stilles Gebet für sie!

2. FASTENSONNTAG (Verklärung) (Lesejahr B – Mk 9,2 – 10)
IM KÄFIG DES GLANZES

Intention: Ästhetik kann ein Käfig sein, der ablenkt von den Realitäten des Lebens.
Jesus lässt die Apostel keine Hütten bauen! Er lässt sie zurückkommen in die Welt; das ist auch Auftrag an uns.

13. Februar 1945, binnen weniger Stunden wurde die Stadt Dresden dem Erdboden gleichgemacht. Die evangelische Frauenkirche, ein Juwel der sonst nüchternen Architektur des Protestantismus, stürzte in sich zusammen wie ein Kartenhaus. Da war nichts mehr zu retten.

Ihre Trümmer blieben 50 Jahre lang liegen – Mahnung, nie wieder Kriege zu führen, dafür zu sorgen, dass Kirchen und andere Kunstschätze nie wieder auf diese Weise zerstört werden. Vor allem nicht mehr Gottes schönstes Werk: sein Ebenbild, der Mensch als Mann und Frau.

Doch bald nach dem Fall der Mauer erinnerte man sich in West wie Ost der schönen Kuppel des Architekten George Bähr, die nicht nur für den Christen bewundernswert, auch für Architekten, Kunsthistoriker, ja für jeden Ästheten eine Augenweide. Und über Nacht war die Entscheidung gefallen: Wir wollen sie doch wieder haben. Diese schmucke Kirche soll erstrahlen in neuem Glanz und Magnet sein für die Menschen dieser Stadt und für alle Fremden, die sich ihr nähern aus Ost und West. Auch so kann sie mahnen für den Frieden, vielleicht noch besser als bisher.

Es fanden sich Spender, Handwerker, PR-Leute, die in rasantem Tempo an die Arbeit gingen. Manche sprechen in dem Zusammenhang von einem Wunder. Und jetzt steht sie schon, fast fertig, der erste Gottesdienst dort schon gefeiert, das Turmkreuz aus England zurück, der Tag der Einweihung kann bald festgelegt werden. Und es ist nicht nur Restauration, die dort gelingt, nein, auch neue Ideen sind mit eingeflossen, Möglichkeiten unserer Tage, und lassen noch Schöneres ahnen als bisher gewesen. Die Begeisterung ist so stark, dass Überstunden, Streitgespräche über Form und Farbe, Kämpfe mit Behörden und Denkmalschützern, sogar die Niederlagen dabei gar nicht wahrgenommen, einfach vergessen werden.

Aber nicht nur die Probleme rund um den Bau werden hintangestellt, nein, der Blick ist so konzentriert – ich möchte sagen: eingeengt –, dass er sich auf manch anderes nicht mehr richten kann: auf den Rest der Stadt und ihre Fragen, auf die Probleme der Welt, da alles Geschaffene seufzt und sich doch schmerzlich ängstigt wie Paulus den Römern in einem Brief geschrieben (vgl. Röm 8,22). All das spielt jetzt keine Rolle mehr.

Es bleibt einfach nicht mehr die Zeit, solche – viel komplexere – Aufgaben anzugehen, gar zu lösen. Die Freude am Schönen und der Sinn für Ästhetik, die den Bau eines Himmels auf Erden vorantreiben, sie können tatsächlich fesseln – im Positiven wie im Negativen. Sie können so fixieren, dass die Betroffenen nicht mehr merken: Wir sind damit total gefangen, haben uns selber die Hände gebunden. So stellt sich das ein, was man Staatsoberhäuptern, dem Papst und den Bischöfen vorgeworfen hat, ja, zuweilen heute noch vorwirft. Die da oben leben in ihrer Welt des Prunks, der schönen Paläste, der rauschenden Empfänge, die wissen doch nicht mehr, wie es mir, zum Beispiel der allein erziehenden Mutter, grad so geht. Die haben doch keine Ahnung, wie das ist, in den Slums von Sao Paulo zu leben oder sonstwo am Rande der Gesellschaft.

Solch kritische Stimmen finden damit sogar bei den Propheten des Alten Testamentes kräftige Unterstützung. Schon zu ihrer Zeit haben sie darauf hingewiesen: Achtung! Der festliche Gottesdienst, das Schwelgen in Fest und Feier und schönem Kontext, es kann dazu verführen, die Not der Welt zu vergessen, sich selber in den Käfig zu setzen, um Abstand zu gewinnen und sich zu schützen vor dem Dreck der Welt! Nur ja nicht damit in Berührung kommen, an keinem Tag.

So lässt der Prophet Amos Gottes zürnende Stimme zum Volk rufen: »Hinweg von mir mit dem Lärm deiner Lieder. Das Spiel deiner Harfen mag ich nicht hören. Aber es ströme wie Wasser das Recht und die Gerechtigkeit wie ein unversiegbarer Bach.« (vgl. Am 5,23–24)

So kann es passieren!

Doch Jesus geht einen anderen Weg: Er lässt in den Himmel schauen und schickt die Schauenden sofort wieder zur Erde zurück. Mitten ins Leben; dort gehören seine Jünger hin, hier haben sie ihren Platz.

Herr, wir wollen drei Hütten bauen, wir möchten diesen Zustand halten. Lass unsdoch auf diesem Berg bleiben für immer! »Verweile Augenblick, du bist so schön!«, wird später Goethe seinen Faust sprechen lassen.

Jesus lehnt ab! Er sagt noch nicht einmal »Nein«, ganz brutal setzt er sie in ihre alte Welt zurück!

Was ihr gesehen, so kann man Jesu Absicht vermuten, das vergesst nicht! Es darf gerne im Gedächtnis bleiben. Aber es ist Zielvorstellung, der Zustand von morgen, dort wollen wir noch hin. Im Augenblick befinden wir uns im eschatologischen »Noch nicht«. Deshalb fangt an. Jetzt! Mit euren Händen arbeitet dafür, diese verklärte Welt zu erreichen, dorthin zu kommen, nicht nur durch den Bau herrlicher Kirchen in Dresden, in Rom, in Mexico City, nein, vor allem mit dem Bau einer neuen Weltordnung, in der Menschen wertvoll und das Gold so wertlos ist!

Fürbitten – 2. Fastensonntag (Verklärung)

Im Käfig des Glanzes sitzen Träumer.
Sie bauen ihre Luftschlösser
und vergessen den Menschen.
Ein stilles Gebet für sie!

Im Käfig des Glanzes sitzen Angsthasen.
Sie meiden die Niederungen des Lebens
und vergessen den Menschen.
Ein stilles Gebet für sie!

Im Käfig des Glanzes sitzen Königshäuser.
Sie sonnen sich im Glanz der Schlösser
und vergessen den Menschen.
Ein stilles Gebet für sie!

Im Käfig des Glanzes sitzen Stars.
Sie genießen das Bad in der Menge
und vergessen den Menschen.
Ein stilles Gebet für sie!

Im Käfig des Glanzes sitzen die vielen Sieger.
Sie freuen sich an ihren Medaillen
und vergessen den Menschen.
Ein stilles Gebet für sie!

3. FASTENSONNTAG (Lesejahr A – Joh 4,5–42)
IM KÄFIG DER RELIGIONEN

Intention: Religion kann für Menschen zum Käfig werden, der sie dazu zwingt, deren Normen fraglos zu übernehmen. So wird der Einzelne an seiner Individuation gehindert. Aber: Jesus bietet eine Alternative, er befreit.

Sprachlos standen sie da, mit offenem Mund. Vor ihnen ein ganzes Haus: aus Lebkuchen, Schokolade, aus Keksen und allerlei Süßem.

Schnell waren da Hände in Bewegung, die gierig danach griffen, Zungen in Aktion, die überglücklich den Honig leckten, denn sie waren seit Tagen ausgehungert und am Rande ihrer Kräfte: die beiden Kinder. Hänsel hieß der Knabe, Gretel das Mädchen. Und während sie sich still und innerlich schon ganz selig solchem Hochgenuss hingaben, kam die alte Hexe, schnappte sich den Knaben und schwupps war er im Käfig, gefangen hinter schwerem Gitter.

Sie kennen die Geschichte, liebe Christen, die Jakob und Wilhelm Grimm für uns festgehalten haben und sie wissen alle – die Mütter dürfen jetzt gerne weghören –, so können Mütter schon mal sein: eine Art Hexe, die ihre Kinder mit Süßem ködert, damit sie sie für ihre Interessen vereinnahmen kann: »Du bist doch so lieb und hilfst der Mama?« In Wirklichkeit heißt das: »Du machst, was ich will, sonst ...« Und diese Drohung wäre ehrlicher! Es ist meist die Aufgabe der Frau, das Leben zu hüten: Darüber zu wachen, dass das kostbare Gut – der Säugling, das Kind – nicht einfach verloren geht oder gar mutwillig zerstört wird! Dafür muss schon handfest Sorge getragen werden. Von der Tierwelt wissen wir, wie gefährlich dort Mütter werden können, wenn sich jemand – und sei es der leibliche Vater – junger Brut nähert! Da gibt es kein Pardon!

Aber irgendwann muss jede Mutter – auch im Interesse des Lebens – sich gegenteilig verhalten: statt »Komm!« »Geh!« sagen, statt »Bleib!« »Raus!« sagen – es dient dem Leben!

Ich erzähle Ihnen das auch wegen der so genannten »Großen Mütter«, von denen es viele in der Welt gibt. Phänomene, denen wir zumindest mütterliche Eigenschaften geben, auch wenn sie nicht auf zwei Beinen stehen. Ich denke beispielsweise an die Religionen, die Menschen unter ihren

Fittichen sammeln wie es Vögel tun. So heißt es in Davids Liedern (Ps 17,8): »Im Schatten deiner Flügel wollest du mich bergen.« Die Katholische Kirche hat sogar offiziell ihrer Institution den Namen »Mutter« gegeben, so heißt es beispielsweise im Exsultet der Osternacht: »Mache sie zur Mutter vieler Kinder.« Dieser Wunsch wird auch bei uns erklingen.

Institutionen ergeht es nicht besser als den anderen Müttern in der Welt. Sie können auf ihre Art schützen. Die Katholische Kirche stieg aufgrund solcher Überlegungen aus der staatlichen Schwangerenberatung mit Abtreibungsschein aus, um den Embryo zu retten. Über die Methode wird man streiten können und müssen, aber das Ziel ist eindeutig und klar herausgestellt worden! Ob dadurch mehr Leben gerettet wurden? Und Mutter Kirche duldete keine Ausnahmen. Der Limburger Bischof, Franz Kamphaus, wurde gezwungen, nicht seinem Gewissen zu folgen, sondern der »Mutter«.

Sie erinnern sich an die Ereignisse des 11. September 2001 und ihre vielschichtige Vorgeschichte. Im Namen der Religion wurden Menschen zu Terroristen. Fundamentalismus zwang sie in einen Käfig, so dass sie meinten, nicht mehr anders handeln zu können, als in einen so genannten Heiligen Krieg zu ziehen. Da wird Religion zum Korsett, das den Menschen verbiegt und ihm jede Freiheit der Entscheidung raubt!

Es steht uns nicht gut an, das nur bei den Anderen zu entdecken. Ich erinnere an die grausame Zeit der Inquisition, als Kirche nur noch prüfend landauf, landab wütete, Frauen im Namen Gottes – woher wussten die das? – zu Hexen erklärte und brennen ließ, lichterloh, Kinder dazu verführte, ins Heilige Land zu ziehen und mit ihren kleinen Händen Steine zu werfen auf die Andersgläubigen – Heiden genannt –, ihm Schlimmes anzutun im Namen der Mutter Kirche – da war sie leider selber zur Hexe verkommen! Johannes Paul II. fand späten Mut, daran zu zweifeln und laut zu klagen: wie schlimm, wie schlimm. Gott hab Erbarmen mit dieser Institution!

Jesus findet im heutigen Evangelium den Mut, nicht im Käfig damaligen jüdischen Denkens zu bleiben. Was den Kontakt zu den Nachbarn betraf, zu jenen Fremden aus dem ehemaligen Nordreich Israel, so waren den so genannten Südländern die Füße gebunden. Sie durften dort nicht hingehen. Eine Grenze, die es zu achten galt, die bei Verletzung Sanktionen zur Konsequenz hatte, zumindest den strafenden Blick des Rechtschaffenen, der davon erfahren.

Doch der Mann aus Nazaret bleibt nicht im Käfig, von dem er in seiner Heimat einst gehört. Er folgt seinem eigenen Impuls, nimmt seine Neugierde ernst und bleibt am Jakobsbrunnen sitzen als die Fremde dorthin kommt. Er spricht sogar mit ihr, und ihre gutgemeinte Warnung »Wie? Du Jude sprichst mit mir, der Samariterin? Weißt du nicht, dass solches verboten ist?« schlägt er aus dem Wind. »Ich weiß wohl, bin gut informiert über Vätersitte«, hat er vielleicht erwidert, aber muss man sich daran halten? Kann man nicht ausprobieren, was wird, wenn solche Regel nicht angewandt wird, sondern ausgesetzt bleibt wenigstens einmal für diese Begegnung, bei guter Erfahrung vielleicht dann für immer.

So lassen sie sich darauf ein, der Mann aus Galiläa, die Frau aus Samaria, und siehe es geschieht Neues, es verlieren sogar beide ihre Angst, viele kommen sogar zum Glauben, entwickeln also tiefes Vertrauen wie Johannes aufschreiben lässt.

Religion, ganz gleich welchen Namen sie trägt, kann tatsächlich Käfig sein. Dann braucht es solche Männer wie diesen Jesus, die mutig ausbrechen, oder solche Leute, die augenblickliche Fesseln spüren und nicht akzeptieren, sondern alles dransetzen, sie abzulegen – und siehe: manches Schloss ist noch nicht einmal verschlossen. Amen.

Fürbitten – 3. Fastensonntag

Im Käfig der Religion sitzen Fundamentalisten,
verwechseln Ideologie mit Glaube
und vergessen den Menschen.
Ein stilles Gebet für sie!

Im Käfig der Religion sitzen Bischöfe,
wissen sich der Institution Kirche verpflichtet
und vergessen den Menschen.
Ein stilles Gebet für sie!

Im Käfig der Religion sitzen Moralisten,
wachen über das Verhalten der Anderen
und vergessen den Menschen.
Ein stilles Gebet für sie!

Im Käfig der Religion sitzen Angsthasen,
sie wollen unbedingt den Käfig
und vergessen den Menschen.
Ein stilles Gebet für sie!

Im Käfig der Religion sitzen viele Gemeinden,
sie legen Wert auf den Rahmen
und vergessen den Menschen.
Ein stilles Gebet für sie!

4. FASTENSONNTAG (Lesejahr B – Lesung 2Chr 36,14–16.19–23)
IM KÄFIG DER ROLLE

Intention: Menschen leben in Rollen, zugeschrieben und selbstgewählt und somit unter Umständen festgelegt, eben im Käfig. Jesus lädt ein, das zu sehen und zu verändern, wie er es tat beim Blinden.

In der Hand hält der Prediger eine halb geöffnete Blume (z.B. eine Narzisse).

Liebe Christen!
Nur noch wenige Tage, dann wird sich diese Blüte öffnen, jetzt noch den Augen der Menschen verborgen. Sie wird blühen, ihren Duft verströmen und Angebot für viele Insekten sein, ihren Hunger nach Nektar zu stillen. Ob sie die Farbe gelb tragen wird oder in blau gekleidet, ob es eine Tulpe, Narzisse oder sonstige Blume wird, ist jetzt schon festgelegt. Selbst wenn die Knolle Lust verspürte, anderes hervorzubringen, keine Chance! Es gibt nur dieses genetische Programm. Der Wunsch an anderer Stelle zu wachsen, im Garten nebenan vielleicht oder am feuchten Flussufer, er ist verwehrt! Narzisse muss Narzisse werden.

Ganz anders bei uns Menschenkindern. Wir haben zwar auch Erbanlagen, die festgeschrieben seit den Tagen der Urväter, wir werden auch geboren als Junge oder Mädchen, wir sind geschmückt mit den Augen und Falten unserer Eltern, aber ansonsten sind wir nicht festgelegt, oder? Doch, wird das kleine Mädchen sagen, und sich mit Kleidern schmücken, die nach Frau aussehen, wenn auch »en miniature«, und es wird schon üben für die Mutterrolle: Puppen stillen, wickeln, schaukeln.

Doch, wird auch der kleine Junge sagen und Kleider tragen, die für Männer vorgesehen, wenn auch in leicht veränderter Form, und auch er wird für die Männerwelt üben: Lego- oder Holzhäuser bauen, umstoßen, renovieren, Autos anschieben, aufziehen, zusammenkrachen lassen.

So tun es die meisten und schlüpfen darüber hinaus in viele andere Rollen, die alle vom großen Welttheater angeboten werden. Zum Beispiel: Ingenieur, Parteimitglied, Liebhaber, Vorsitzende, Fußballspieler, Tänzerin, Bösewicht, Besserwisser. Die Auswahl ist riesengroß, wird gerne angenommen. Sie hilft den vielen, sich zu orientieren, sich an irgendetwas fest zu halten, ja festzulegen wie die Blume. Das hat seinen Preis. Er wird unbemerkt verlangt, heimlich gezahlt und heißt: mit jeder Rolle zwängst du dich in deren Korsett, gehst du in einen Käfig. Schon gemerkt? Schon entdeckt, wie schnell Sie da drin sein können? Denn wer einmal Außenseiter war, von dem weiß man – wieso eigentlich? – der kann nicht anders! Kann er wirklich nicht mehr anders? Diese Frage stellt kaum einer!

Von dem, der einmal gut gesprochen, weiß man, der wird auch die nächste Rede halten, und der Clown von heute, er muss auch morgen die Lacher befriedigen. Wer einmal lieb und nett gewesen, von dem wird verlangt, dass er so bleibt, er darf gar nicht aggressiv werden, man wird es ihm nicht abnehmen. Bitte zurück ins altbekannte Muster!

Sind die Fesseln der Rolle jetzt spürbar? Entdecken Sie jetzt, wie geschickt hier Gefangennahme erfolgt – vornehm heißt das: Vereinnahmung. Sie gehen dem Käfig schneller auf den Leim als vermutet und vergessen unversehens: so festgelegt sind wir gar nicht – noch nicht einmal die Rolle selber! Denn wir haben mindestens zehnmal mehr Chancen als die Blume. Wir können den Standort verändern und wegziehen, wir können anders Frau oder Mann sein als die im 16. Jahrhundert, nicht nur was Kleidung betrifft. Wir können mehr als eine Sprache sprechen, tanzen wie die Elfe, schwimmen wie Delfine, ja, unendlich viele Möglichkeiten sind uns geschenkt, mit in die Wiege gelegt genauso wie die Gene.

Aber wir lassen uns zu schnell festlegen. Wir trauen Gottes Möglichkeiten nicht viel zu. Wir lassen vieles in uns verkümmern, ähnlich dem Federvieh, das ursprünglich einmal fliegen konnte, jetzt, da es nur noch Eier legen muss, verkümmern solche Anlagen. Menschen lassen das auch immer wieder mit sich machen. Sicherheitsdenken spielt wohl die entscheidende Rolle. Doch das Leben verkümmert, der Blick wird müde hinter den Stäben des Käfigs wie der des Panthers, ein auf der Stelle treten wird unvermeidlich.

Der Perserkönig Kyros widersetzte sich solchen Spielregeln. Wer sagt denn, dass ein König in der Rolle des strengen Richters bleiben muss, dass er alles so weiter zu führen habe, wie seine Vorgänger es einst getan?

Wer wollte ihn denn dazu zwingen, das Urteil von gestern heute noch durchzusetzen? Hatte er als König nicht auch die Macht, die Dinge zu verändern, Gefangene aus ihrer Rolle herauszuholen, sie in gewohnte Freiheit zu entlassen, dorthin, von wo sie einst verschleppt wurden.

Irgendwann war diesem Herrscher aufgegangen, dass er seine Rolle verändern kann. Geschenk einer schlaflosen Nacht? Göttliche Eingebung im Traum? Das spätere Israel war von letzterem überzeugt.

Mensch, du bist nicht festgelegt für alle Zeiten, lass dir solche Botschaft nicht einreden! Versuch, anderes zu wagen, wovon du bisher nur geträumt, an das du nie gedacht vor lauter Einseitigkeit und Eintönigkeit. Du musst nicht stur bleiben oder gar auf Prinzipien beharren. Das kannst du verändern. Verlass den Käfig deiner Rolle! Wunder werden wir nicht ohne weiteres vollbringen, aber vielleicht als Mann noch ganz zärtlich werden und nicht nur Macho sein! – Es gelingt! Vielleicht als Frau noch ganz hart werden und durchsetzungsfähig, nicht nur weich! – Es gelingt! Es gelingt, weil Gott dem Menschen mehr zutraut als der Mensch. Amen.

Fürbitten – 4. Fastensonntag

Im Käfig der Rolle sitzen oft Vorgesetzte,
entscheiden gemäß den üblichen Richtlinien
und vergessen den Menschen.
Ein stilles Gebet für sie!

Im Käfig der Rolle sitzen oft Kirchenleute,
halten sich an die Buchstaben des Gesetzes
und vergessen den Menschen.
Ein stilles Gebet für sie!

Im Käfig der Rolle sitzen oft Politiker,
handeln nach Protokoll und Staatsräson
und vergessen den Menschen.
Ein stilles Gebet für sie!

Im Käfig der Rolle sitzen oft Prüfungskommissionen,
handeln nach den Spielregeln der Institute
und vergessen den Menschen.
Ein stilles Gebet für sie!

Im Käfig der Rolle sitzen oft Männer und Frauen,
orientieren sich an Traditionen und dem, was üblich ist,
und vergessen den Menschen.
Ein stilles Gebet für sie!

5. FASTENSONNTAG (Lesejahr A – Joh 11,1–45)
IM KÄFIG DER DRITTEN WELT

Intention: Es gibt mindestens zwei Arten, mit den Menschen im Käfig der Dritten Welt umzugehen. Entweder füllt man von Zeit zu Zeit die ausgestreckten Hände oder öffnet die Tür und schafft so ein neues Miteinander. Jesus hat letzteres getan, den Lazarus herausgeholt wie viele zuvor auch!

Predigtskizze mit dramatischen Elementen

1. Kinder kommen mit zerzausten Haaren in zerlumpten Kleidern und mit Plastiktüten, Decken, Pappkartons in den Altarraum. Sie werden als Straßenkinder aus Südamerika vorgestellt.
   Anschließend ist ein kurzes Interview möglich, z.B.:

   Wo lebst du? (Bogotá, Santiago, am Fluss ...)
   Was machst du den ganzen Tag?
   Wo findest du Essen, Getränke, ein Bett, eine Schule?
   Was machen deine Eltern? Kennst du sie? Kümmern sie sich um dich?
   Oder wer kümmert sich?

2. Im Anschluss daran werden diese Kinder in den Käfig gesperrt, an dem Schilder angebracht sind, die Schriftzüge tragen wie beispielsweise

   arm
   hungrig
   ausgegrenzt
   vom Rest der Welt abgeschnitten
   kleingehalten
   ungebildet

3. Die Kinder fangen danach an laut zu betteln, strecken ihre Hände durch die Gitter, schreien um Brot, Geld, Wasser, Decken.

»Was nun?« – Fragen an die Gemeinde:
Wie sollen wir mit dem Problem umgehen? Können wir zur Lösung beitragen?

Wir können ihnen etwas in die leeren Hände geben: die Spende aus der heutigen »MISEREOR«-Kollekte, die »Abfälle« unserer Gesellschaft: Kleider, Schuhe, Weizen, Hirse aus Sammelaktionen ... Alles gängige Lösungen, mit dem Käfig umzugehen.

Oder aber alternativ:
Man kann den Käfig auch öffnen: Einladung an die versammelte Gemeinde, es jetzt zu tun und die Kinder in ihre Mitte zu holen – das Ende eines Ghettos, der Anfang einer neuen Gesellschaftsordnung.

4. Hinweis auf das Evangelium vom Tage:
Jesus holt den Lazarus aus dem Grab, zuvor schon den Zachäus vom Baum, die Fischer vom See, die Ehebrecherin vom Rand in die Mitte. Er verändert so die vorhandene Gesellschaftsordnung, lässt das Reich Gottes wachsen.

5. Hinweis auf die »Theologie der Befreiung«, die Ähnliches in ihrem Programm hat: Befreiung der Menschen darf sich nicht nur auf den Bereich von Schuld und Sühne beschränken, sondern muss auch die Befreiung aus konkreten Zwängen und Käfigen, in die Menschen oft unverschuldet hineingeraten, umfassen. Das heißt dann in der Konsequenz unter anderem: die Welt neu bauen helfen, Gesellschaft verändern, sich einmischen in Politik, Globalisierungsdebatte.

Fürbitten – 5. Fastensonntag

Im Käfig der Dritten Welt sitzen politische Gefangene.
Sie streiten für ihre gesellschaftlichen Ideen
und sind Opfer der Menschen.
Ein stilles Gebet für sie!

Im Käfig der Dritten Welt sitzen Kinder.
Sie sind verlassen von Eltern und ihrem Volk
und sind Opfer der Menschen.
Ein stilles Gebet für sie!

Im Käfig der Dritten Welt sitzen Tagelöhner.
Sie werden ausgebeutet von Großgrundbesitzern und dem Rest der Welt
und sind Opfer der Menschen.
Ein stilles Gebet für sie!

Im Käfig der Dritten Welt sitzen Frauen.
Sie leben in Abhängigkeit von ihren Männern und Vätern
und sind Opfer der Menschen.
Ein stilles Gebet für sie!

Im Käfig der Dritten Welt sitzen Entwicklungshelfer.
Sie werden bedroht von Gewaltherrschern und deren Mitläufern
und sind Opfer der Menschen.
Ein stilles Gebet für sie!

6. FASTENSONNTAG (PALMSONNTAG) (Lesejahr B – Mk 11,1–10)
IM KÄFIG DER MASSE

Intention: Masse kann ein Käfig sein, der mich daran hindert, mein »Ich« und meine Entwicklung zu leben. Jesus hat dieser Gefahr widerstanden.

Liebe Christen,
Gefahr liegt in der Luft, einer hat es gewittert. Lautes Trompeten lässt alle Dickhäuter aufhorchen und ruft sie zum engen Kreis zusammen. So stehen sie da, die Elefanten, hellwach und gut gerüstet, Sie wirken jetzt wie ein Schutzwall für die kleinen, die schwachen Elefanten mittendrin, die doch schon groß für Menschenmaß, und wachen über sie! Mehr noch: Sie warten bis der Feind von dannen schleicht! In der Regel wird es so geschehen. Wer legt sich schon mit Elefanten an? Die Masse hat gerettet!

Nicht nur bei diesen Tieren, nein, viele Herden machen es ihnen nach und fahren gut damit. Selbst unsere Art, » der Mensch«, ist solchem Verhalten zugetan. Er lebt doch seit grauer Vorzeit in Familien, in Stämmen, in Staaten und lässt nicht davon ab. Weil er immer wieder erlebt hat, was Gott ihm mitgegeben, dass es nicht gut sei, ganz allein zu sein, dass solches Leben höchst gefährdet. Aus dieser Erfahrung sind dann Spielregeln gewachsen, die wir heute Staatsordnung, Gesetze, Richtlinien nennen und nichts anderes zum Ziel haben, das Leben der vielen zu schützen, Masse so zu gestalten, dass nicht einer des anderen Wolf werden muss! Einigkeit macht wirklich stark! Hunderte vermögen mehr und Tausende wohl noch mehr als der einsame Kämpfer! Davon weiß schon der Prediger im Alten Testament, wenn es dort unter anderem heißt (vgl. Kol 4,12): »Und gar die dreifache Schnur ist nicht so bald zu zerreißen.«

Gemeinwohl bringt unterm Strich doch letzten Endes mehr als das Glück des Einzelnen! Sie kennen solche Sprichwörter, Lebensweisheiten, die Gesagtes untermauern.

Aber Masse kann auch Käfig sein: Sie wird den Einzelnen daran hindern, wenn er aus der Reihe tanzen und seine eigene Lebensspur finden will. Sie wird den maßregeln, der Tabus verletzt, weil er seine ganz privaten Lebensmöglichkeiten in Gefahr sieht, wenn er inneren Impulsen mehr traut als dem Ruf der Masse. Sie wird in der Tat das Individuum nicht fördern. Es wäre kontraproduktiv. Masse wird die Freiheit des Gewissens nicht pflegen. Ein Zulassen von Alternativen, das fürchtet sie, glaubt, es wäre letztlich ihr Tod!

Wir kennen spätestens seit dem Dritten Reich den Druck, die Kraft, ja, um beim Thema zu bleiben, den Käfig, in dem sie Menschen gefangen halten! Es war doch irgendwann nicht mehr möglich zu sagen: »Ich gehe nicht mit! Ich denke anders als diese Nationalsozialisten! Ich setze mich gar *für* die Juden ein!« – Irgendwann saß das Volk der Deutschen im Käfig drin. Türe zu!

Müßig dann zu fragen: Warum haben alle mitgemacht? Warum hat sich keiner gewehrt? Wieso hat es niemand gemerkt. Masse kennt gute Psychopharmaka gar nicht chemischer Art, aber solche, die alle Sinne trüben.

Oder verletzen Sie einmal die Spielregeln Ihrer Sippe, Ihrer Firma. Versuchen Sie doch mal, dort auszuscheren, neue Wege zu gehen und einen eigenen Stil zu entwickeln, unverwechselbar wie die Linien Ihrer Hand. Man wird Sie »schwarzes Schaf« nennen, bei manchen heißt es liebevoll aber doch klar missbilligend »Er bzw. sie ist halt so ganz anders, irgendwie aus unserer Art geschlagen«. Wirkliche Akzeptanz verrät solche Kommentierung nicht! Familie kann durchaus Käfig sein, der schützt – da besteht kein Zweifel – aber auch Käfig, der einengt, fesselt, nicht rechtzeitig die Türe öffnet, wenn es ansteht. Auf diese Weise kann sie sogar Menschen deformieren, unterentwickelte Kinder sein lassen, nicht ausgebildet, das Leben zu bestehen. Sie laufen mitten unter uns hilfesuchend herum. Der Mann aus Nazaret hat diesem Käfig widerstanden. Er wusste, wenn er heute bei diesem Aufschrei und Jubel der Masse nachgibt, dann bedeutet das: Verrat an mir selber, an meiner Idee von Gottes Reich. Denn der Menschensohn verstand darunter anderes und viel mehr als ein Ende römischer Herrschaft, mehr als eine Vertreibung der Besatzer und Wiederherstellung eines davidischen Königreiches. Ihm ging es um das Heil der Menschen – ganz umfassend – nicht nur um das Wohl der Masse, deren Stimmung sofort umschlägt, wenn sie ihr Ziel nicht erreicht. Und sie hat es sofort getan: Wenn du nicht König werden willst, bitte, wir haben noch anderes zu bieten: das Staatsgefängnis des Pontius Pilatus. Dieser Käfig wurde ihm dann zugemutet. Das war sein Preis, den er zahlen wollte, um der Masse zu entkommen. Individualität gibt es nicht zum Nulltarif! Amen.

Fürbitten – 6. Fastensonntag (Palmsonntag)

Im Käfig der Masse sitzen Fans,
beten ihre Stars an
und vergessen den Menschen.
Ein stilles Gebet für sie!

Im Käfig der Masse sitzen Opportunisten,
schlagen Profit für sich heraus
und vergessen den Menschen.
Ein stilles Gebet für sie!

Im Käfig der Masse sitzen Angsthasen,
trauen ihrer eigenen Meinung nicht
und vergessen den Menschen.
Ein stilles Gebet für sie!

Im Käfig der Masse sitzen Mitläufer,
Nachdenken ist nicht ihre Stärke,
und vergessen den Menschen.
Ein stilles Gebet für sie!

Im Käfig der Masse sitzen Machthungrige,
sie brauchen Stimmvieh
und vergessen den Menschen.
Ein stilles Gebet für sie!

GRÜNDONNERSTAG:
Diener der Menschen

Begrüßung Re-Form war das Thema der vergangenen 40 Tage. Das Mahl, das wir heute miteinander feiern, er hat es gestiftet. Er hat auch heute Abend dazu eingeladen: Bleibt in dieser Tradition! Es ist ein Reformmahl, denn es ist alt und doch völlig neu, was sich dem israelitischen Auge da bietet:

Sünder sind die Gäste, sogar Judas.
Ein Mensch – Jesus selbst – ist das Lamm, kein Schaf.
Der Gastgeber wäscht die Füße, kein Hausdiener.
So wird deutlich, was der Mann aus Nazaret will und erwartet: Diener der Menschen sein.

Kyrie Zu diesem Menschendiener rufen wir:
Herr, schmackhaft wie Brot – Herr, erbarme dich!
Herr, erfrischend wie Wein – Christus erbarme dich!
Herr, tröstend wie das Wort – Herr erbarme dich!

Gebet am Anfang

Nicht nur das Brot, Gott Vater, brauchen wir,
auch Hunger nach dem Wort
kommt in uns auf.
So nähre unsere Seelen mit der Botschaft,
die aus seinem Herzen kommt,
das heute blutet für die Welt. Amen.

»**Fußwaschung**«

siehe Gründonnerstag – Zeichenhandlung zu Joh 13,1–15

Meditation zur Gabenbereitung

Körner – viele an der Zahl,
gemahlen und gemischt.
Trauben – viele an der Zahl,
gekeltert und gemischt.
Sie sind nun Brot und Wein
und werden, Herr,
Dein Leib und Blut.
So lass aus diesen Vielen
auch das neue Volk entstehen
durch deinen Geist von oben,
der uns »dient« durch Christus, unseren Herrn.
Amen.

Gebet am Ende

Dies Mahl gab Kraft
nicht nur dem Mann aus Nazaret,
auch uns, die ähnlich mühevolle Wege gehen.
Lass doch erfahren, dass wir nie allein,
auch nicht im Dunkel,
dass stets du treu begleitest den,
der jenem Tag entgegengeht,
da neues Mahl in deinem Reich
auf jeden wartet. Amen.

GRÜNDONNERSTAG –
Zeichenhandlung zu Joh 13,1–15

Einführung

»Bedienung« oder »Service« nennen wir heute die Menschen, die uns beim Essen zur Hand gehen. Vor diesem kulturellen Hintergrund lade ich ein, statt der Fußwaschung, die uns fremd geworden ist, einen »Tischdienst« der Hauptamtlichen/des Pfarrgemeinderats anzunehmen, damit so deutlich(er) wird, was er an jenem Abend vermitteln wollte. »Wenn nun ich, der Herr und Meister, euch die Füße gewaschen habe, dann müsst auch ihr einander die Füße waschen.« (Joh 13,14)

Diese Zeichenhandlung ist nach den Fürbitten vorgesehen und orientiert sich an den Spielregeln der Gastronomie unserer Tage:

a) Abdecken des alten Altartuches
b) Abwischen des Altares mit Wasser
c) Abtrocknen des Altares
d) neu eindecken

Dazu folgender Text und Hintergrundmusik (z.B. Orgel):

Füße waschen, einfach Diener sein.
Herr, wasch diesen Tisch jetzt rein
vom Rufmord, den wir kennen,
von Eifersucht, die uns befällt,
von Masken, die wir tragen,
von Angst, die dem Vertrauen schadet,
von Phantasie, die Menschliches zerstört.

Füße waschen, einfach Diener sein.
Herr, deck uns die Tafel ein
mit Tuch, das Scham verhüllt,
mit Kerzen, die sein Licht verbreiten,
mit Blumen, die nach Hoffnung riechen,
mit Brot, wie er's gemacht,
mit Wein, der Göttliches enthält.

Füße Waschen, einfach Diener sein.
Herr, lad sie jetzt alle ein:
Nachbarn, grad von nebenan,
den Mensch, der gar kein Saubermann,
Ehebrecher, die auch er geladen,
Leute, die einfach nur noch fragen,
den Menschen, der anders oder fremd.

Füße waschen, einfach Diener sein,
und Mensch zu Menschen sein. Amen.

GRÜNDONNERSTAG –
mit Erstkommunionkindern

Die Erstkommunionkinder sind mit ihren Eltern eingeladen, am Gründonnerstag »still« zum ersten Mal zum Tisch des Herrn zu gehen. Sie nehmen in den ersten Bänken Platz. Die Gabenbereitung wird von den Erstkommunionkindern gestaltet.

Die Kinder decken den (Altar-)Tisch und bringen:

ein weißes Tuch
13 weiße große Teller
13 Gläser
13 weiße Servietten
Kerzen und Blumen
13 Tischkarten mit den Namen der Apostel
und mit Jesu Namen

Beim Aufstellen der Tischkarten durch die Kinder wird nacheinander der Name der Apostel und Jesu Name von den Eltern genannt und eine Einladung an die heutigen Menschen übersetzt:

1. Johannes (der Jüngste)
Eingeladen sind: junge Menschen, heute Abend besonders unsere Erstkommunionkinder.

2. Simon Petrus (der Chef)
Eingeladen sind: die Chefs von heute, alle, die wichtige Verantwortung tragen hier bei uns und in der Welt.

3. Judas Thaddäus (ein Verwandter)
Eingeladen sind: alle, die zu unseren Familien gehören.

4. Judas Iskariot (der Verräter)
   Eingeladen sind: auch alle, die wir nicht mögen und die uns weh tun, sogar die Bösen in der Welt.

5. Matthäus (der Journalist)
   Eingeladen sind: alle, die erzählen und berichten, was in der Welt so vor sich geht.

6. Bartholomäus (ganz unauffällig, scheu)
   Eingeladen sind: die vielen Stillen, die scheu und zurückhaltend sind.

7. Philippus (fast nichts von ihm bekannt)
   Eingeladen sind: die Fremden, die wir gar nicht kennen, die von auswärts kommen.

8. Jakobus der Ältere (ein älterer Mann)
   Eingeladen sind: alle Alten, die schon viele Jahre erlebt haben.

9. Jakobus der Jüngere (streitbar und deshalb Donnersohn genannt)
   Eingeladen sind: alle, die gerne streiten und diskutieren.

10. Andreas (vorher: Jünger des Johannes)
    Eingeladen sind: alle, die ihre Meinung ändern, die Neues dazulernen und ihren Weg gehen.

11. Simon der Zelot (der Kämpfer und Fundamentalist)
    Eingeladen sind: alle, die sich kräftig engagieren für Jesus, seine Gemeinden und viel dafür tun.

12. Thomas (der Zweifler)
    Eingeladen sind: alle, die zweifeln und nicht genau wissen, ob sie uns und Jesus glauben können.

Einladung an die Kinder

Die 12 Apostel von damals sind nicht mehr da – heute Abend –, aber wir können und wollen dieses Mahl nicht vergessen. So nehmen wir heute anstelle der Apostel Platz. Wir sind auch so verschieden wie die 12 und haben gehört, dass diese vielen Sorten und Arten von Menschen alle Platz nehmen dürfen am Tisch des Herrn.

Und in der Mitte steht der Priester. Er nimmt nun unsere Gaben entgegen, wie es damals Jesus getan hat.

Die Kinder kommen nun alle nach vorne, versammeln sich um den Altar und bringen Brot und Wein. Dazu kann ein Lied gesungen oder Musik gespielt werden.

KARFREITAG:

Gefesselt

Im Altarraum stehen an der linken Seite ein Käfig, an der rechten Seite ein größeres Kreuz (ohne Korpus), der Altar ist völlig leer. Jeder Gottesdienstbesucher erhält am Eingang ein Stück Kordel.

Einzug *Dumpfer Trommelschlag begleitet den Einzug.*
Anschließend wird ein Lied gesungen; z.B.:
GL 188: O Traurigkeit, o Herzeleid!

BEGRÜSSUNG A

40 Tage hat uns der Käfig begleitet, haben wir uns darin wiedergefunden – zuweilen unverhofft. Heute sitzt er drin, der eingetreten für die Freiheit vom Gesetz (Mk 2,27), der helfen wollte, Leben zu entfalten (Mt 25,14–30), statt es klein zu halten, gar zu fesseln.
So zeigt er Solidarität mit allen, die in Fesseln leben, ganz gleich welchen Namen sie tragen.
So lasst uns beten:

BEGRÜSSUNG B

Ende gut?, – alles gut?

Gefesselt dieses Reiskorn
in kalter Nacht so unverhofft erblüht

Gefesselt dieser Hirte
aufs Wohl der Schafe stets bedacht

Gefesselt diese Taube
so viel von Freiheit uns gesungen

Gefesselt dieses Lamm
verletzlich wie ein zartes Vlies

Gefesselt dieser Leib
geschunden, weggebracht, versiegelt

Ende gut?
Alles gut?

Gebet

Gefesselt wie das Lamm,
das zu der Schlachtbank geführt wird (Jes 53,7),
der Mensch, dem Freiheit wichtig war zum Leben.
Gefesselt auch der Mensch,
der viel davon erzählt,
dass Leben noch ganz anders möglich,
lebendiger, denn je erfahren.
Wer soll nun Fesseln lösen, Herr?
Wer soll nun Freiheit retten, Herr?
Wer soll nun davon reden, Herr?
Nur Fragen, Herr,
sie sind heut Gebet. Amen.

Lesung

Der Minister Abakumow:
»Hören Sie, Sie sind ein Gefangener.
Wenn nötig, werden wir Sie zwingen!«
»Sie irren sich, Bürger Minister!« Bobynins kräftige Augen leuchten zornerfüllt auf. »Ich habe nichts, denken Sie daran – überhaupt nichts! Meine Frau und mein Kind sind für Sie unerreichbar – eine Bombe hat sie zerschlagen. Meine Eltern sind auch schon tot. Mein Eigentum hier auf Erden ist mein Taschentuch; meine Kombination und die Unterwäsche ohne Knöpfe sind Staatseigentum. Die Freiheit habt ihr mit schon lange weggenommen, sie mir zurückzugeben, steht nicht in euren Kräften, weil ihr selbst nicht frei seid. Ich bin zweiundvierzig Jahre alt, ihr habe mir fünfundzwanzig Jahre aufgebrummt, bei der Zwangsarbeit bin ich schon gewesen, mit einer Nummer herumgelaufen, in Handschellen, von Polizeihunden bewacht und in einer Brigade für verschärfte Zwangsarbeit – womit können Sie mir noch drohen? Was können

Sie mir noch wegnehmen? Die Ingenieurarbeit? Damit verliert ihr mehr. So, und jetzt werde ich rauchen. Überhaupt, verstehen Sie und geben Sie es dort oben an die weiter, die es nötig haben, dass sie nur so lange mächtig sind, wie sie den Menschen nicht alles weggenommen haben. Denn ein Mensch, dem sie alles weggenommen haben, ist außerhalb ihres Machtbereiches, er ist wieder frei.« ALEXANDER SOLSCHENIZYN

Zwischenstück

Stille und Psalm 137 (GL Kehrvers 529, 1 und GL 754, 2)

Matthäus-Passion Mt 26,47–27,56

Gelesen mit verteilten Rollen und Abschnitten.
In den Pausen Musik oder Stille.
Der Altar gilt in der Liturgie als Zeichen für Christus. Deshalb wird er während der Passion mit immer mehr Stricken »gefesselt«, damit so deutlicher erfahrbar wird, was ihm angetan wurde und das Thema auf diese Weise sichtbarer wird.
Nach dem ersten Abschnitt (Mt 26,56) wird der Altar von Messdienern oder anderen Gemeindemitgliedern mit einem großen schwarzen Tuch verhüllt (gefesselt).
Nach dem zweiten Abschnitt (Mt 26,75) wird der Altar auf der linken Seite mit einem dicken Strick gefesselt.
Nach dem dritten Abschnitt (Mt 27,26) wird der Altar auf der rechten Seite mit einem dicken Strick gefesselt.
Nach dem vierten Abschnitt (Mt 27,34) wird das Kreuz an den Altar gestellt und daran gefesselt.
Nach dem fünften Abschnitt (Mt 27,50) knien alle zum Gedenken an Jesu Tod.
Nach dem sechsten Abschnitt (Mt 27,56) wird das Kreuz wieder vom Altar entfesselt.

Kreuzverehrung

Jedes Gemeindemitglied hat zu Beginn ein Stück Kordel erhalten. Zeichen dafür, dass jeder irgendwie in Fesseln lebt, leben muss. Jetzt werden diese »Fesseln« zum Altar gebracht, unserem »Opfer-

lamm« übergeben mit der stillen Bitte, uns davon zu erlösen. Dazu Chorgesang oder Lieder; z.B.:

GL 174: Jesus Christus ist der Herr
GL 180: Herzliebster Jesu, was hast du verbrochen
GL 182: O du hochheilig Kreuze
GL 183: Wer leben will wie Gott auf dieser Erde
GL 184: Wir schlugen ihn

Große Fürbitten

Sie sind gefangen, sogar gefesselt von ihrem Fanatismus
wie viele Pharisäer damals:
Menschen, die gnadenlos ihre Ideologie durchsetzen,
weil Toleranz nie auf ihrem Lernprogramm gestanden hat.
Für sie rufen wir zu ihm:

Jesus sei uns gnädig! Herr, befreie sie! (GL 762,6)

Sie sind gefangen,
sogar gefesselt von ihren Wahnvorstellungen
wie Judas Iskariot damals:
Menschen, die psychisch krank geworden,
weil das Leben sie überfordert hat.
Für sie rufen wir zu ihm:

Jesus sei uns gnädig! Herr, befreie sie! (GL 762,6)

Sie sind gefangen, sogar gefesselt in unseren Gefängnissen
wie Jesus von Nazaret damals:
Menschen, die ihresgleichen Schlimmes angetan,
weil sie nicht anders konnten.
Für sie rufen wir zu ihm:

Jesus sei uns gnädig! Herr, befreie sie! (GL 762,6)

Sie sind gefangen, sogar gefesselt vom Druck der Menge
wie Pontius Pilatus damals:

Menschen, die Wert legen auf Urteil und
Anerkennung ihrer Umwelt,
weil sie ihre eigene Meinung zu wenig achten.
Für sie rufen wir zu ihm:

Jesus sei uns gnädig! Herr, befreie sie! (GL 762,6)

Sie sind gefangen, sogar gefesselt
von ihrem Wunsch nach Ruhe
wie die Römer damals:
Menschen, die kein Interesse zeigen
an den Nöten der anderen,
weil ihnen ihre Bedürfnisse am wichtigsten sind.
Für sie rufen wir zu ihm:

Jesus sei uns gnädig! Herr, befreie sie! (GL 762,6)

Sie sind gefangen, sogar gefesselt von ihren fixen Ideen
wie die Massen damals:
Menschen, die den Weitblick nicht kennen,
weil sie nie Ausschau gehalten nach rechts und nach links.
Für sie rufen wir zu ihm:

Jesus sei uns gnädig! Herr, befreie sie! (GL 762,6)

Sie sind gefangen, sogar gefesselt von ihrer Angst
wie Petrus damals:
Menschen, die sich vieles nicht zutrauen,
weil sie das Risiko zu hoch ansetzen.
Für sie rufen wir zu ihm:

Jesus sei uns gnädig! Herr, befreie sie! (GL 762,6)

Vaterunser

Grablegung Mt 27,57–61

Nach dem Text folgt ein Moment der Stille, dann wird das Kreuz auf den Altar gelegt, die Fesseln gelöst. Die Fesseln werden liegengelassen ein weißes Tuch (Leichentuch) darüber gedeckt.

Musik GL 621, 1–2

PREDIGT

Intention Der letzte Grund, warum wir andere oder gar uns selber fesseln ist die Angst vor den vielen Impulsen des Lebens, die Angst, Kontrolle zu verlieren. Deshalb ist es wichtig, Ausschau zu halten nach anderen Lösungen, wie Menschen adäquater mit ihrer Angst umgehen können z.B. durch Einsatz von Vertrauen wie Jesus es getan.

Liebe Gemeinde!
Warum es der Polizist tut, gar tun muss, das ist für alle einleuchtend: Er legt den Menschen Fesseln an – in seiner Sprache heißt das Handschellen –, um uns und andere vor dem Verbrecher zu schützen. Er bindet dessen Hände zusammen, damit sie nicht mehr frei sind, den Revolver zu ergreifen und wild herumzuschießen, damit sie nicht erneut zum Messer langen und die Brust des nächsten Opfers treffen, damit sie niemandes Kehle zerdrücken, kein Kind missbrauchen, nicht Hab und Gut des rechtmäßigen Besitzers davongetragen und zu barer Münze umwandeln. Genau darum fesselt der Polizist.

Warum es die andern tun, die nicht im Namen des Gesetzes fesseln, die Frage bleibt. Ihr nachzugehen erscheint mit äußerst spannend, zumal wir uns 6 Wochen lang, während einer ganzen Fastenzeit, dieser Thematik gewidmet haben, den Käfig stets vor Augen und Rilkes Gedicht »Der Panther« im Ohr. Dessen Blick, so müd geworden vom Vorübergehn der Stäbe, dass er nichts mehr hält, mahnte an unsere Blicke, die aus vielen goldenen Käfigen ähnlich müd, gelangweilt, manchmal gerade noch traurig auf das Leben schauen, das ganz woanders spielt.

Zwar sind wir auf die Welt gekommen mit einer Fessel, doch nur für wenige Minuten, gleich nach dem ersten Schrei ward die Nabelschnur durchtrennt. Der Mensch ist frei!

Ob er solch Geschenk nur schwer aushält: Gottes letztes Schöpferwerk? Ob Freiheit wirklich so schwierig zu händeln ist, dass Thomas Mann in seinen »Politischen Schriften und Reden« lauthals den Vorwurf machen kann: »Wo denn haben die Völker bewiesen, dass sie frei zu sein verständen? Ja, auch nur, dass sie frei sein wollten? Nirgends!«

Warum braucht er also Fesseln? Warum tut sich der freie Mann, die freie Frau, Dinge an, die nicht in ihrer Natur, bei denen sie sich als Christen keineswegs auf Schöpfers Plan berufen können? Warum bloß?

Das lässt schon staunen. Staunen auch, wie dieses Thema sich durch Jahrhunderte hinzieht, nicht als roter Faden, nein, als Blutspur gemischt mit tausend Tränen eines jeden Volks: es war nicht nur Israel gefangen in Ägypten und in Babylon, es waren nicht nur Römer, die andere Völker unterjochten, deren besten Leute in Ketten legten oder gar zur Schlachtbank führten, es war nicht nur dieser Jesus, dem es so erging. Sein Kopf ist nur einer aus dem Kreis der vielen, die sterben mussten, weil Freiheit nicht gewollt war. Warum bloß?

Vielleicht weil es Spaß bereitet, seine Macht auszuprobieren, zu entdecken, wie weit ich gehen kann, weil es zufrieden stellt, dem anderen Zähne zu zeigen, auf dessen Reaktion zu warten und ihm handgreiflich kundtun, wie stark man ist und keine Rivalen duldet wie der Platzhirsch in seinem Revier.

Kinder haben doch schon Freude daran, die anderen ein- und auszusperren, auszuprobieren, wie viel Druck sie ausüben können auf ihre Umwelt. »Tyrannei ist wohl bekannt im so gepriesenen Kinderland.«

Aber warum? Was ist daran so gefällig?

Vielleicht weil nur so strategische Ziele erreicht werden konnten: die Eroberung der benachbarten Getreidefelder, der Bau herrlicher Klosteranlagen – mächtig an Wirkung –, die Urbarmachung von Sümpfen, die Kultivierung von Berghängen und die Eroberung der Weltmeere. – Menschen wurden in Ketten gelegt und zu Sklaven gemacht, damit die Schlösser gebaut, die Straßen gepflastert, die Aquädukte errichtet werden konnten. Bauwerke, die wir noch heute bewundern: in Athen eine Akropolis, in Rom ein Pantheon. Das war nicht die Leistung der Freiheit! Es war das Joch der Knechtschaft – vor lauter Staunen immer vergessen. Und die Besucher fragen auch nur: Wer war der Baumeister? Wann war es fertig? Und fragen nicht weiter: Durften die Arbeiter eine Pause machen? War ihr Lohn gerecht? Wie viele sind dabei verhungert, elend krepiert?

Und es gibt nur diesen Weg? Keinen anderen? Bringt Freiheit denn nicht Standbild hervor und Stadt, nicht Tempel und Tanz?

Eugen Drewermann, der »gefesselte« Theologe in Paderborn, schreibt die Sklaverei dem Phänomen der menschlichen Angst zu. Die Angst ist seiner Meinung nach die Triebfeder für alle Fesseln in der Welt. Wahrscheinlich weiß kaum jemand darum, weil das so verborgen geschieht, dass wir erschrecken, wenn wir davon hören.

Sie sperren zum Beispiel Ihr Kind in das Laufgitter – verräterisch schon der Name –, der Kleine sitzt also hinter Gittern, oder? Natürlich gut gemeint, aber letztlich ist es die Angst, die dazu ermuntert, die Angst, das Kind könne sich wehtun oder an Dinge im Haus geraten, die ihm und anderen schaden.

Gibt es keinen anderen Weg?

Sie haben wieder das Wohl ihres Kindes im Auge und warnen, wenn es allmählich flügge wird, es könne auf die schiefe Bahn geraten – wieso eigentlich so schnell? – und rufen ihm zu: »Um 11.00 Uhr spätestens bist du zuhause.« Dass ihre Angst im Nacken sitzt, haben sie das noch mitbekommen?

Wir scheuen zurück vor der Macht des Eros, der schon Könige vom Thron gestürzt und Bischöfe zu Fall gebracht, suchen Halt an der Einehe, derart verkrampft, dass viele schon vor den Fesseln solcher Verbindung warnen: Darf der Verheiratete keinen Kontakt haben zu anderen Frauen, mit anderen Männern, darf er keine Freundschaft mehr eingehen, ohne dass der Ehebruch schon in der Luft hängt, ihm allerlei nachgesagt und angedichtet wird? Wie arm! Braucht es also eine Fessel, damit ich bei meinem Partner bleibe, damit meine Ehe gesichert ist? Dabei habe ich es doch »frei und ungezwungen« versprochen; das gilt wohl nicht nur fürs Innen- sondern auch fürs Außenverhältnis!

Gibt es da keinen andern Weg?

Oder ich erinnere an des Bürgers erste Pflicht: die Ruhe, die des Christen ist es auch, obwohl der Mann aus Nazaret das krasse Gegenteil gelebt. Menschen werden in Staat und Kirche an Fesseln gebunden, damit das System gesichert, das Wohl des Einzelnen spielt keine Rolle, Entwicklung und Evolution überlässt man Biologen und Geologen. Menschen versuchen, dem Menschen das abzunehmen, was seine Würde ausmacht: die Freiheit und die Freiheit der Entscheidung. Es heißt zum Beispiel Fraktions*zwang*, nicht Fraktions*entscheidung*! Plötzlich ist der Wert »Freiheit«

unter den Tisch gefallen, nein, in Ketten gelegt. Das soll einer verstehen! Es ist nichts dahinter als die nackte Angst: Wer aus der Reihe tanzt, der könnte andere auch dazu verführen, der könnte ein Feuerchen entzünden, das zum Flächenbrand wird. Revolution liegt in der Luft. Dass sie notwendig geworden, ja erforderlich, weil zuvor die Freiheit geknechtet wurde, wer will das sehen? Ich erinnere an Frankreichs große Revolution im 18. Jahrhundert und an die leise deutsche im Jahre 1989.

So gesehen klonen wir eigentlich schon recht lange – nicht biologisch, sondern geistig. Sogar in unserer Kirche entsteht Einheit oft um jeden Preis! Gewissensfreiheit ist nur wertvoll für den Paragraphen.

Gibt es keinen andern Weg?

Drewermann verweist in seinen vielen Büchern immer wieder auf den Weg Jesu. Er hat die Angst nicht ausagiert, er hat sie nicht über sich bestimmen lassen, auch wenn sie vorhanden war, sogar bei ihm, aber dafür war er ja ganz Mensch. Er hat das Vertrauen dagegen gesetzt, sein Heilmittel, seine Methode, mit der Angst klar zu kommen.

Davon spricht die Bibel auf jeder ihrer Seiten. Immer, wenn der Engel auftrat, immer, wenn Gott ins Spiel gekommen, ertönt von irgendwo der Ruf: »Hab keine Angst! Fürchte dich nicht! Hab doch Vertrauen!« Und an diesem Karfreitag hat es scheinbar auch geholfen, denn der Mann aus Nazaret ruft nicht nach Legionen von Engeln (Mt 26,53), nicht nach Rache, nicht nach dem Schwert, wohl nach dem Vater. Er möge ihn halten, wenn er jetzt fällt.

So kann es gehen: das Leben in Freiheit, in dem wir uns mit der Angst beschäftigen, sie thematisieren, mutig ihr ins Auge sehen, davon reden und das Vertrauen dagegen setzen – es braucht die Fessel nicht!

Davon ist auch Hilde Domin überzeugt, wenn sie tröstend für uns niederschreibt:

In mir ist immer
Glaube,
als sei das goldene Seil,
wer es auch auswirft,
dem Notrufer
heilig
geschuldet.
Hilde Domin

OSTERNACHT:
Entfesselt

Einführung *Der Altar ist noch gedeckt mit schwarzem Tuch und Stricken. Darüber liegt das weiße Leichentuch, unter ihm die Osterkerze. Die Kirche ist dunkel, das Osterfeuer steht in einem feuerfesten Gefäß im Altarraum, brennt allerdings nicht.*

1. Gesang GL 621, 1.3: Ich steh vor dir mit leeren Händen, Herr (als Sologesang)

BEGRÜSSUNG A

Gezählt
Weiß die Fessel noch nicht
dass ihre Stunde gezählt
und das Linnen saugt sich noch immer voll
von dem Blut dessen
der darin verschlossen
NOCH
denn schon naht der Wind
um ihn zu beatmen

BEGRÜSSUNG B

Zwei Sprecher.

A: Lichter, die erloschen,
kann man neu entzünden.
B: Wenn es einer will!

A: Kerker, die geschlossen,
kann man wieder öffnen.
B: Wenn es einer will!

A: Fesseln, die gebunden,
kann man wieder lösen.

B: Wenn es einer will!

A: Ob er es will,
der zugelassen,
dass sein Sohn gefesselt,
und noch dazu geschwiegen?

Wir werden sehen!
Und schon hören – jetzt! –,
dass er es oft getan.

B: Prophetenworte werden diese Wache stören!

Gebet

Was bleibt, wenn Fessel angelegt,
der Tod sogar das Leben mitgenommen –
frag mich, wohin?
Die Hoffnung, dass es wiederkehre wie Tag
nach langer Nacht,
wie Wasser nach der Dürre.

Wir brauchen mehr, Herr,
und denken jetzt daran,
dass du der Menschen Bitte oft entgegenkommst,
dem Hunger das Manna einst gewährt (vgl. Ex 16,15),
sogar der Freiheit zu ihrem Recht verholfen.

Davon lass hören - jetzt! – das Menschenohr,
da es noch selbst gefesselt von schlechter Nachricht
gestern,
und lass nicht ab von deiner Rede,
bis neues Staunen uns befällt in dieser Nacht, die
du für Wunder wohl bereitet. Amen.

WORTGOTTESDIENST

Lesung I Gen 1,1–2,2: Die Erschaffung der Welt

Beim Stichwort »Licht« wird das Osterfeuer entgezündet.

Taizé-Lied »Laudate omnes gentes«

Lesung II Ex 14,15–15,1: Rettung am Schilfmeer

»Laudate omnes gentes«

Lesung III Apg 5,17–21a: Verhaftung und Befreiung

»Laudate omnes gentes«

Lesung IV Evangelium Mk 16,1–7: Botschaft des Engels im leeren Grab

Lichtfeier *Ein Spot auf ein weißes Tuch. Es folgen das Erheben der Kerze und drei Halleluja. Danach kommt jeder nach vorne und holt sich sein Licht. Dazu:*

GL 270: Kommt herbei, singt dem Herrn

Exsultet

Osterlied GL 213: Christ ist erstanden

TAUFFEIER

Einführung Der neugeborene Mensch hat die Fesseln des Mutterschoßes gesprengt, lebt nun außerhalb ganz gut und ahnt: Dies war nicht das letzte Mal. Im Laufe eines langen Lebens werde ich noch viele Fesseln durchtrennen müssen, zum Beispiel die der Angst, die der Tradition, die der

Festlegung durch unsere Gesellschaft, sogar Fesseln, die wir als Kirche ihm anlegen wollen.

All diese Stricke zu zerreißen und in der Freiheit der Kinder Gottes (vgl. Gal 5,1) zu leben, braucht viel Kraft.

In der Taufe wird dem Neugeborenen zugesichert, wird er in Berührung gebracht mit Wasser und heiligem Geist, mit Kräften, die entfesseln, die vorantreiben, bis neue Schöpfung einst geworden.

Das wollen Sie, liebe Familien, für Ihre Kinder, deshalb haben Sie um die Taufe gebeten.
Die Gemeinde aber möchte wissen, wen sie mitnehmen darf auf solch gefährlichen Weg und wem sie helfen soll.
Deshalb stellen Sie bitte Ihre Kinder vor.

1. Vorstellen der Täuflinge

2. Frage an die Gemeinde

Sind Sie bereit, diese Kinder aufzunehmen in Ihre Mitte und wollen Sie ihnen helfen aus vieler Verstrickung des Lebens, dann sagen Sie bitte:
Ja, wir stehen euch bei!
Alle: Ja, wir stehen euch bei!

3. Kreuzzeichen

4. Glaubensfragen

Glaubt ihr an Gott, der laut gerufen:
Sieh, es werde!
Und so die Fessel weggenommen von der Mutter Erde,
von jeder Knospe, jedem Ei, damit das Blühen wohl gelingt?

Glaubt ihr an Christus Jesus, der seinem Vater gleich getan,
die Fessel abgeschnitten, dem,
der ganz verstrickt im Bösen war,

den Lazarus zurückgerufen aus der Leichenstarre und
selbst des Todes Fessel abgeworfen
wie Vögel jetzt ihr Winterkleid?

Glaubt ihr an Gottes Geist, solch kraftvoll Wesen, dass er der Fessel Feind geworden, dem Leben auf die Beine hilft, gar Flügel ihm verleiht, wo es ganz eng gebunden, fast erdrückt?

Glaubt ihr an solche Kirche, die Menschen niemals fesselt,
außer ans Wort der Auferstehung,
an solch Gemeinde, die befreit vom Wort, das hart geurteilt,
vom Tun, das Schaden angerichtet,
weil so das Leben weitergeht
zur Fülle – nicht zum Tode?

5. Credo GL 423: Credo in unum deum

6. Wasserweihe

Wasser ist Macht, einmal entfesselt kann es Berge von Geröll wegschwemmen, Turbinen antreiben, ganze Ufer abreißen. Deshalb ist dieses Element für uns ein Zeichen, dass Fesseln nicht ewig halten, dass Leben und Freiheit letztlich unverlierbar sind.

Solche Kraft bringen wir nun in unsere Mitte, bitten um Gottes Geist, er möge mithelfen, dass alle die einmal damit getauft werden, fesselfrei leben können.

dazu GL 190, 2: Psalm 1

7. Taufe

8. Besprengen der Gemeinde (dazu Orgel)

9. Drei Zeichen (Chrisam, weißes Kleid, Taufkerze)

10. Verabschiedung

Predigt

Eucharistiefeier

Meditation bei der Gabenbereitung

Leben braucht den Atem
und das Brot, das Kraft ihm gibt.
Leben braucht den Atem
und den Wein, der Freude ihm bereitet.
Beiden schenke noch den Geist von dir,
du unser Gott, damit sie Nahrung werden
für die Freiheit, zu der uns führen will,
der heut befreit von Leid und Todesbanden:
Christus, auferstandner Herr. Amen.

Präfation
Sanktus
Hochgebet
Vaterunser
Agnus dei
Kommunion
Dank

Schlussmeditation

Unendlich frei!
Kaum können wir es glauben,
obwohl sooft gehört
– in dieser Nacht ganz frisch –,
was unserm Ohr du zugemutet, Herr.
Nun braucht's den Mut,
um so zu leben,
dass Kraft entfesselt,
Gräber offen,
der Himmel weit
nicht nur dem Auge wird.
Nimm also diese Furcht
vorm nächsten Schritt,

lass uns ihm einfach folgen,
der damals schon vorausgegangen
auch heute noch:
Christus,
der frei und auferstanden.
Amen.

Segen »Fesselfrei«

Der gestern noch gefesselt,
der Mumie gleich ans Grab gebunden,
er gehe euch voraus
– ganz frei –
in Land, das niemand kennt,
der noch dem Tode geweiht.

Er helfe euch, sich zu entfesseln
– wie Küken aus der Eier Schale –
von dem,
was Flügel stutzt,
was Leben am Entfalten hindert,
damit schon hier die Weite wird erfahren,
von der die Seele weiß,
von der Atem seinen Raum erhält.

Der Knechtschaft Zukunft
wird nie mehr gelingen,
das Joch dem Feuer übergeben.
Und dazu gebe Segen,
der Freiheit uns geschenkt,
der Vater
und der Sohn
und auch der Heilige Geist.
Amen.

OSTERPREDIGT:
Gefesselt – Entfesselt

Intention: Menschen können sich auf ihre Auferstehung vorbereiten indem sie immer mehr den Freiraum und die Freiheit lernen; denn nichts anderes ist Auferstehung als ein Freiwerden von bisherigen Grenzen (Tod, Raum, Zeit, Leib).

Liebe Christen,
seit Sie definitiv wissen: wir werden Eltern, fiebern beide dem großen Ereignis entgegen. Mit Neugier und Spannung, aber auch mit Sorge und Unsicherheit. Sie sind doch nie in dieser Situation gewesen, ein Kind zu bekommen.

Um den Tag X, der längst errechnet und auf dem Papier festgehalten, gut zu überstehen, besser noch, richtig zu meistern, bereitet sich das schwangere Paar darauf vor:

– Sie besuchen eine Hebamme und die Klinik, in der sie Kindern auf die Welt hilft.
– Sie machen bei der angebotenen Gymnastik für schwangere Frauen und deren Partner mit. Männer wollen ja nicht mehr außen vor bleiben.
– Sie lesen in schlauen Büchern und Zeitschriften nach, ob die Geburt auf *traditionelle* Art oder lieber im Stuhl, gar unter Wasser stattfinden soll.
– Und nicht zu vergessen die Termine des Geburtsvorbereitungskurses. Das hier trainierte richtige Atemholen zur rechten Zeit wirkt Wunder, bewahrt auch angehende Väter vor Blässe und Umfallen ...

Beim Anfang des Lebens ist solches Tun mittlerweile Gang und Gäbe, fast schon anormal, wenn es einer nicht tut. Beim Ende des Lebens wird gerade darüber laut nachgedacht, was dann möglich, erlaubt, verantwortbar, wenn der Mensch wieder weg will oder weg muss von der Erde, auf der er gelebt, gelitten und sich gefreut hat. Es ist die Rede von Sterbe-Hilfe, so wie es andererseits Geburts-Hilfe heißt. Die Menschen tun sich schwer mit Antworten, mit Hilfsangeboten. Aber immerhin sind wir im Gespräch: hören, diskutieren, unterschreiben schon: »Bitte tut im Fall des Falles nichts, was mein Siechtum verlängert!«. – Der Abschied soll schon gelingen.

Was noch fehlt – und darüber sind Sie vielleicht überrascht – ist eine Vorbereitung auf die Auferstehung. Einen Kurs »Wie bereite ich mich auf Ostern vor?«, den habe ich immer wieder mal als Angebot entdeckt, den Kurs »Wie bereite ich mich auf meine Auferstehung vor und du auf deine«, den kenne ich nicht!

Ich denke aber, er macht ebenso Sinn wie einer, der sich Geburt oder dem Sterben beschäftigt. Steht er doch an, dieser große Schritt. Grad heute wird er uns wieder mal vor Augen geführt, wenn wir das Fest der Auferstehung feiern und Texte gehört, die davon erzählen.

Wie funktioniert nun solche Vorbereitung? – Wo und wie kann ich dabei mitmachen?

Der Realist wird schon die Frage als Spinnerei abtun, hat er doch nie einen Toten frei herumlaufen sehen, hat er doch an keiner Stelle der Welt entdeckt, dass dort ein Grab leer war und der Tote vermisst wurde, außer in diesem einen Fall in Jerusalem, aber das fällt unter Kategorie »ungeklärt«. Man sollte ihn nicht zu ernst nehmen.

Also wer mit beiden Beinen im Leben steht, wird all dies abtun als esoterischen Hokuspokus, nichts für aufgeklärte Köpfe, und übersieht dabei, dass fast alle Religionen der Welt, selbst die alten rauen Germanen, von diesem Leben nach dem Tod geträumt haben, dass eben nicht Ende ansteht sondern Übergang: geahnt, aber nicht gewusst, dass der Mensch nicht einfach aufhört zu sein, sondern nur aufhört, diese Luft zu atmen.

Menschen aller Zeiten haben die Ahnung vom Jenseits, von jener fernen Welt, die wir »Himmel«, die Griechen »Unterwelt« und die Germanen »Wallhall« nennen. Wenn solches Land vorhanden, gar betreten werden kann, dann, so denke ich, muss man sich darauf vorbereiten können, wie es ja viele tun, wenn sie eine Reise planen in ferne Gefilde.

Der Fromme tut es, sieht aber in der Regel nur die Türe dorthin und konzentriert sich auf die Einlassbedingungen, denn er weiß, woher auch immer, nicht jeder ist dort willkommen; grundsätzlich besteht die Chance, eine Abfuhr zu bekommen, nicht wegen Überfüllung, nein, sondern wegen mangelnder Eignung. Räuber, Lügner, Sünder, kurzum so genannte Bösewichte sind dort nicht begehrt und wer weiß, wie genau die Engel Gottes kontrollieren.

Vorbereitung für den Frommen heißt primär: darauf achten, dass mir Einlass gewährt wird, dass ich nicht zur Gruppe der Ausgesperrten gehöre. Demnach strenge ich mich an, versuche Schaden klein zu halten oder wieder gut zu machen, lebe genau nach Gottes Gebot. Doch damit übe ich gar nicht für die Auferstehung, sie spielt hierbei kaum eine Rolle, nur der Übergang!

Aber wie übe jetzt ich für die Auferstehung? Wie kann ich jetzt schon lernen – anfanghaft – was mich dann erwartet?

Ganz einfach, indem ich von dem Auferstandenen lerne, es ihm nachmache und – so einfach ist das – immer wieder aufstehe. Das hat er damals vollbracht, mit Gottes Hilfe! Vielleicht finden Sie solche Antwort kindisch, gar nicht ernst zu nehmen, aber ich meine es genauso wie gesagt und ganz ernst! Indem Sie immer wieder aufstehen üben Sie für die Auferstehung, denn das Leben bietet ihnen zuvor massenweise Niederlagen: Situationen, die Sie umhauen, wie wir in unserem Sprachgebrauch sogar folgerichtig sagen. »Da legst die nieder!«, ruft der Bayer, »Da bist du geplättet!«, verblüfft es andere.

Es braucht dann wieder Mut und Kraft von außen, sich zu befreien von Vorwurf, Schicksalsschlag, Demütigung oder wie immer es heißen mag. Sich davon befreien, das heißt aber letztlich neue Freiheit erfahren, denn wer steht, der hat wieder mehr Freiraum, der ist mächtiger, flexibler, souveräner, sieht in die Zukunft ... kurzum vermag mehr als der, der liegt oder zusammengekauert sich nichts mehr traut.

Das denke ich, ist schon leicht nachvollziehbar.

Übrigens die Spielregeln des Lebens bestätigen solches Denken, denn Leben ist nichts anderes als das Wechselspiel von »Gefesselt« zu »Entfesselt«, ist nichts anderes als ein ständiges »Weniger« an Käfig und ein wachsendes »Mehr« an Freiheit. So schreibt Thorton Wilder in »Der achte Schöpfungstag« : »Wir wurden ins Dasein geworfen wie Würfel aus einem Becher. Schranken und Kerkermauern umgeben uns und unseresgleichen – überall, innere und äußere Hemmnisse.«

Es fängt ja alles an mit einem Käfig, dem des Mutterschosses, der dem Embryo zu eng wird, er braucht neue Freiheit. Es geht weiter mit dem Käfig der Familie, der dem Kind zu eng wird, es braucht neue Freiheit. Es setzt sich fort mit dem Käfig des Erwachsenen, der ihm zu eng wird, er sucht neue Freiheit, will und wird Käfige der Konvention und Tradition sprengen. Evolution verlangt das oder darf ich es anders deuten: Gott hat es so in seinem Plan!? Diese Regel bleibt gültig bis zum Tod: letzte Fessel! Dort ist wieder der Käfig, jetzt der des Grabes. Nun braucht es – wie die Bibel den Tod deutet – ein Abstreifen der letzten Grenze, ein Abstreifen dieses Korsetts Leib. Ablegen des Leibes, der hinderlich, der müde geworden, der schmerzt, der mich festlegt als Mann oder Frau, der seine Bedürfnisse hat, die mich zuweilen ungemein stören. Es braucht auch ein Abstreifen weiterer Fesseln wie beispielsweise die der Ehe und Familie. Sie können ja ganz schön einengen, diese Normen und Anstandsregeln der Gesellschaft und vieles mehr. Da sind viele Käfige zu verlassen, wie in den letzten 40 Tagen oft genug vor Augen geführt. Sie alle will man, will ich, willst du, loswerden, wenn man, wie zum Beispiel Paulus, an der Freiheit nicht nur geschnuppert, sondern kräftig daran gerochen hat. Er schreibt den Galatern voll Freude: Christus hat sich für uns hingegeben, »um uns aus der gegenwärtigen bösen Welt zu befreien.« Er muss wohl viel Käfig erlebt haben, dieser Apostel!

Letztendlich schildert die Bibel den Auferstanden als jemand, der nicht mehr gebunden oder gar gefesselt erscheint, sondern frei. Frei von Todesbanden, frei von Leid und Schmerz, frei von einem sterblichen Leib, frei von den Mächten des Bösen, der Unterwelt.

Die Evangelien schildern ihn als jemand, der plötzlich da und wieder plötzlich weg ist, nicht gebunden an Raum und Zeit, der dem einen als Gespenst, anderen als Gärtner erscheint, nicht mehr gebunden an Aussehen und Rolle, der sich nicht mehr berühren lässt von Menschenhand, weil sie das nicht mehr wahrnehmen kann, was so frei lebt.

Sie wissen jetzt, liebe Christen, wie *mann* und *frau* sich vorbereiten kann auf jene Auferstehung der Toten? Ganz einfach: indem sie Freiheit üben, jeden Tag und immer freier werden in allem Tun und Denken und sich entpuppen wie der Schmetterling es tut, damit wenigstens der Seele jetzt schon Flügel wachsen, die sie hinwegtragen über die vielen Niederlagen eines Lebens.

In Regensburg wurde im Hinterkopf der Figur eines Gekreuzigten ein Reliquiar in Form eines Schmetterlings gefunden. Es deutet hin auf die Verwandlung von Tod zum Leben und lädt ein, solches Verwandeln jetzt schon Schritt für Schritt zu probieren. Ich schenke ich Ihnen das Bild davon, damit der Mut dazu wächst. Amen.

KARFREITAG:

Leere

Der Altarraum ist völlig leer, vor dem Altar liegen leere Krüge, leere Schalen.

Einzug *Schweigen oder Trommelschlag.*

Begrüßung *Zwei Personen in schwarzer Kleidung kommen abwechselnd mit einem leeren Tonkrug nach vorne und »leeren« ihn, dazu der Text:*

Lektor: LEERE

Leer sind die Kassen des Staates,
kein Geld mehr für Schulen,
Kultur wir abgeschrieben!

Leer sind die Töpfe der Bistümer,
keine sozialen Aufgaben mehr möglich,
Armut hält wieder Einzug!

LEERE

Leer sind die Kirchen,
kein Interesse mehr am Gottesdienst,
Brunchen nebenan ist schöner!

Leer sind die Priesterseminare,
kein Student will Einsamkeit üben,
die Farben der Welt verlocken!

LEERE

Leer ist der Himmel,
kein Gott zeigt sich den Menschen,
die Suche nach ihm wurde eingestellt.

Leer ist der Tabernakel,
kein Brot mehr zum Brechen,
satt sind hier alle!

LEERE

Leer ist das Firmament,
kein Gott, der seinem Sohn zu Hilfe kommt,
tot hängt er am Galgen.

Leer ist der Berg, da Jesus einst selig gepriesen die vielen.
kein Wort mehr für Arme und Friedensstifter,
seine Jünger sind auf und davon!

Gebet GL 621, 1: Ich steh vor dir mit leeren Händen, Herr
(der Text wird gesprochen, die Melodie untermalt ihn leise)

Lesung Jes 24,1–5a (Lektor)

Danach Chor oder Lied nach Wahl.

Passion nach Johannes Joh 18,1–19,42

a) Einführung Damals war alles leer:
kein Mensch weit und breit
kein Freund weit und breit
kein Helfer weit und breit
sogar kein Gott!

b) Passion mit verteilten Rollen nach Johannes
c) nach Vers 19,18: Errichten eines Kreuzes – dazu Trommelschläge
d) nach Vers 19,30: Pause, Schweigen, dann GL 179, 1–2: O Haupt voll Blut und Wunden
e) Schluss bis Vers 19,38

Kreuzverehrung

a) Lied GL 205, 1: Im Kreuz ist Heil
b) Prozession der Gemeinde dazu GL 182, 1–2: O du hoch heilig Kreuze

Große Fürbitten

Leer: Die Herzen jener Menschen, die mit Menschen arbeiten.
Verweigerung ist ihre letzte Chance!

Wir beten für alle,
die ausgelaugt sind vom Dienst am Nächsten.

P: Lade sie ein, Herr, ans andere Ufer des Sees zu fahren und dort zu ruhen.
Sie werden neue Kraft finden!

A: GL 482: Christe, du Lamm Gottes

Leer: Die Denk-Zettel der Politiker,
die Zukunft ahnen und gestalten.
Man klärt gerade noch die nächsten Wochen!

Wir beten für alle,
die Verantwortung tragen für diese Gesellschaft.

P: Des Nachts schenke ihnen Träume, Herr, und einen Weg durch das Schilfmeer.
Gelobtes Land kommt so für sie in Sicht!

A: GL 482: Christe, du Lamm Gottes

Leer: Die Phantasien der Menschen,
die schreiben, malen, ihre Noten zu Papier bringen.
Nichts Neues gibt es unter der Sonne!

Wir beten für alle,
die sich Künstler nennen oder Produzenten.

P: Dem Schöpfergeist befiehl, Herr, sie zu überfallen.
Neu wird Welt dann werden!

A: GL 482: Christe, du Lamm Gottes

Leer: Die Ideenkisten der Gemeinden,
die Jesu Botschaft leben und lehren.
Vieles probiert – keiner beißt an!

Wir beten für alle
Gemeinden und für ihre Hauptamtlichen.

P: Dein Wort gib ihnen, Herr, das Netz ganz anders auszuwerfen.
Reich Gottes wächst in Dornen auch!

A: GL 482: Christe, du Lamm Gottes

Leer: Der Sinn vieler Menschen,
die gestern noch zurechtgekommen sind mit dem Leben.
Heut fehlt der große Plan.

Wir beten für alle,
die suchen und fragen.

P: Engel schicke, Herr, vorbei, die helfend klären.
Zukunft wird dann gern erwartet!

A: GL 482: Christe, du Lamm Gottes

Leer: Die Köpfe der Friedensstifter,
die an das Unmögliche glauben.
Krieg ist einfach ein Virus – unbesiegbar!

Wir beten für alle,
die zwischen den Fronten vermitteln.

P: Schaf und Löwe, Herr, lass sie doch friedlich miteinander weiden.
Bei Gott ist kein Ding unmöglich!

A: GL 482: Christe, du Lamm Gottes

Leer: Die Stühle derer,
die einst unter uns gelebt.
Gegen den Tod ist kein Kraut gewachsen!

Wir beten für alle,
die vom Abschied heimgesucht sind.

P: Da war noch Hoffnung, Herr, das lass uns nicht vergessen.
Denn jedes Korn muss sterbend leben.

A: GL 482: Christe, du Lamm Gottes

Leer: Die Blicke derer,
die enttäuscht sind vom Partner oder Freund,
von Helfer oder Ratgeber.
Das Paradies ist nirgendwo auf dieser Welt!

Wir beten für alle,
die sich mehr versprochen haben.

P: Die Wunden, Herr, lass Öl zum Heilen finden.
Der Himmel lässt nie auf sich warten.

A: GL 482: Christe, du Lamm Gottes

Kommunionfeier

fällt aus, da der Tabernakel auch leer ist.

Grablegung

a) Passion ab Vers 19,38
b) Kreuzabbau
c) Wegtragen eines leeren weißen Linnens, Zeichen für den Toten, dazu Trommel

Schlussgedicht

Leer die Krüge
leer das Kreuz

Leer die Worte
leer die Welt

Leer der Himmel
leer die Hölle

Doch das Warten bleibt
beginnt!

Stiller Auszug

PREDIGT

Intention: Leere ist notwendig, um zu mir selbst zu kommen. So gesehen kann sie eine gute Hilfe zur Ich-Werdung sein.

Liebe Gemeinde!
»Muss das sein?«, fragt der Patient voll Sorge sein ärztliches Gegenüber, da es ihm gerade empfohlen hat: »Ihre rechte Niere muss weg!« Der Tumor an dieser Stelle wachse und zerstöre gesundes Gewebe.

Das spürt der Kranke schon selber. Aber er hat doch gehört von Chemotherapie, vom Einsatz der Kobaltbombe. »Bei mir geht das alles nicht?« »Richtig! Bei Ihnen geht das nicht«, bedauert der Arzt, und der Ton seiner Stimme lässt keine weiteren Zweifel zu. – Das »Warum?« scheint klar und doch nicht einleuchtend, denn ganz genau hat er es nicht verstanden, der Mann mit der kranken Niere, dessen Blick gerade leer geworden, weil er nicht weiß, ob sein Körper weiter leer geräumt wird und dies nur der Anfang ist.

»Muss das sein?«, fragen Menschen, die ihren Partner verabschieden, wenn dafür noch Zeit geblieben. Die Koffer schon gepackt, der Anwalt schon informiert, eine Unterkunft gefunden, irgendwo bei Freunden, vorerst ein Bett!

Wir waren doch verliebt! Zu heiraten hat uns doch niemand gedrängt. WIR wollten doch! Und waren uns ganz sicher! Zu sicher!? Und die Tür fliegt ins Schloss. Es bleibt das »Warum?« und vielleicht findet die Zeit die notwendende Antwort.

Muss das sein? fragen Menschen, deren Kinder aus dem Haus ziehen. Studium, Beruf, Zusammenleben mit anderen, gar Karriere sind gute Gründe dafür. Dort, wo die Kinder bisher gegessen und getrunken, ein Dach über dem Kopf hatten, bleibt nur ein leeres Zimmer. »Warum?« Die Frage erübrigt sich, weil es halt so ist, schon immer so war. Denn zum Leben gehört das Weggehen dazu. Das ist noch zu verstehen! Ja, aber diese Leere, die doch nicht, oder?

»Muss das sein?«, fragen Menschen, wenn ihnen die Todesnachricht überbracht wird. In einer Rechtskurve sei ihr einer entgegengekommen, wahrscheinlich viel zu schnell. Ein Ausweichen sei gar nicht möglich gewesen, das Genick sofort gebrochen, die Tote hätte so gut wie nichts gespürt – aber doch voll Todesangst das Unheil kommen sehen macht der Hörer Vorwürfe.

»Warum?« Die Frage kann man technisch klären, jede Sekunde genau zurückverfolgen, doch der Stuhl am Tisch bleibt ab sofort leer, ja, das ganze Haus ist leerer geworden.

»Muss das sein?«, wollen Bürger der NATO-Mitgliedsstaaten wissen, wenn ihre Regierungen wieder Soldaten in ferne Länder schicken. Ja, es werden Menschenrechte missachtet, Kinder und Greise in die Flucht getrieben und viele werden auf der Strecke bleiben – ganz wörtlich genommen. Aber »Warum?« muss man zu solch archaischen Mitteln greifen, um Gerechtigkeit zu wollen. Ist das nicht an sich schon paradox, Bomben und Raketen einzusetzen, damit Länder befriedet werden? Warum lässt sich nicht weiter verhandeln, werden nicht andere Möglichkeiten ausgelotet, die bis heute noch unbekannt. In der Medizin wird man doch auch ähnlich kreativ. Die Bitte um Antwort ist schwer zu erfüllen: die Köpfe der Politiker leer, die Ideenkiste der Diplomaten auch. Erst recht die Hoffnung.

Muss das sein, dass Leere uns Menschen stets von neuem überfällt? Nicht nur als Winterzeit draußen, wenn alles kahl und wirklich leer, höchstens mit Schnee gefüllt.

Muss das sein: auch diese Leere drinnen im Herzen? Im Alltag? In so vielen Bereichen wie beispielsweise

dieser leere Stuhl, auf dem keiner mehr Platz nimmt?
dieses leere Bett, das keinen Schläfer mehr kennt?
diesen leeren Teller, nur noch von Straßenstaub gefüllt?
diesen leeren Blick, der jeden Glanz verloren?
diese Sinnesleere, die mich nicht mehr wissen lässt: warum und wozu?

Das alles muss sein?

Ja! Das Leben weiß darum, und das Leben lehrt fast unbarmherzig: Es muss sein! So wie das unnutze Leiden dieses Verurteilten von heute, der, geboren in Bethlehem eigentlich nichts angestellt hat:

Keinen getötet! – Im Gegenteil, etliche auferweckt!

Niemand bestohlen! – Stattdessen 5000 satt gemacht!

Keinen verletzt! – Doch, die Pharisäer schon!

Keinen römischen Besatzer vertrieben! – Nein! Die Leute angehalten, dem Kaiser die Steuer zu zahlen

Er musste hängen. Nichts anderes war möglich, noch nicht einmal der Austausch gegen Barrabas. Fast wie ein Fluch erscheint dieses »Muss« – im Griechischen »dei« genannt – ständig in seinem Mund. Wie ein auferlegter Zwang, dem er nicht entrinnen kann, eine Tragik, die von Anfang an zu seinem Lebensskript gehört.

Verrat an sich selber wäre es, käme er diesem Willen des Vaters – so nennt Jesus dieses Phänomen – nicht nach: Der Menschensohn muss leiden, darum weiß er Wochen zuvor. Er muss verurteilt werden, er muss in die Hände der Sünder, muss ihnen ausgeliefert werden. Keine weitere Erklärung dazu, kein aufklärender Hinweis der Evangelisten und der Engel deutet nicht, sondern stärkt für dieses Muss, bringt den Kelch zum Leiden. Auch Paulus schweigt sich letztlich aus. Das Rätsel besteht noch in diesen Tagen: heute am Karfreitag!

Es muss wohl Leere sein: immer mal wieder, so wie der Winter sein Heimatrecht stets einfordert.

Und der Sinn von alledem, gibt es ihn überhaupt, wie könnte er heißen? Es sind die Fragen, die Menschen nicht loslassen, mich auch nicht, spätestens in der Krise schweben sie über jedermanns Haupt. Ich bin froh, dass ich für mich eine Erklärung gefunden habe. Ich weiß nicht, ob es *der* Schlüssel zum Geheimnis des Glaubens ist, doch es lässt sich damit leben und es spendet Trost.

Leere, so denke ich heute, ist notwendig, damit Menschen zu sich selber finden, damit ich und du endlich frei werden, frei von allem, was um uns herum, was uns von außen zugemutet wird. Dieses Wort erscheint mir passend.

Denn ich werde doch mit vielem geschmückt, was mich auch verunstaltet und verfremdet.

Werde mit Konsum beladen, der mich dick macht, die Sinne trübt, eine Mauer um mich herum bildet, so entsteht eine dicke Haut, die letztlich nichts mehr spürt und den Weg zum anderen nicht mehr finden kann.

Werde mit Veranstaltungen und Festen überschüttet, die gewiss Langeweile vertreiben, aber auch mir den Boden der Realität entziehen und das Gespür für mich selber, für meine innersten Impulse und Regungen. »Wir feiern uns zu Tode« heißt der provozierende Titel eines Buches – vor nicht allzu langer Zeit als Mahnung erschienen.

Werde zugelabert von Parolen aus Zeitung und Werbung, von Politik und Wirtschaft – vielleicht sogar von mir jetzt an dieser Stelle –, so dass weder Raum noch Zeit noch Stille bleiben, meine eigene Meinung zu finden, den eigenen Standpunkt zu entdecken, denn Masse schiebt mich: hierhin, dorthin, ich mitten drin. Vogel friss oder stirb!

Leere hilft den Menschen, so denke ich weiter, sich selbst wieder zu finden, die Schönheit des Nackten zu entdecken, den eigenen Weg zu wagen ohne Geschiebe und Gedränge von außen, auch nicht von Kirche, verkündet doch gerade sie die Freiheit des Gewissens.

Leere kann sie schenken, diese Freiheit, die für das Volk Israel das größte Geschenk, der wichtigste Wert. Dafür ist das Volk Gottes in die Wüste gezogen, eben weg von den Fleischtöpfen Ägyptens, die satt machen, aber bei näherem Hinsehen zum Kotzen sind.

Bedrohung ist jene Leere nicht, auch wenn das Auge es so wahrnimmt, auch wenn das Ohr keinen Laut mehr vernimmt. Sie führt nicht ins Verderben sondern ins Leben.

Der kluge Bauer weiß um solch Geheimnis: Dieser Acker, leergefegt von seinem Pflug, er wird nicht lange leer bleiben, ist dort hinten links nicht schon die grüne Spitze einer Saat zu sehen?

OSTERNACHT II:

Fülle

Eröffnung

Stiller Einzug

Begrüßung

Leere Schale wartet,
dass sie gefüllt wird.

Leerer Saal wartet,
dass er geschmückt wird.

Leere Hand wartet,
dass ihr etwas gegeben wird.

Leer – warten wir auch:
auf Fülle, die verheißen (Joh 10,10).

Gebet am Anfang

Leer die Krüge,
auch die Hände, die sie zart gehalten.
Wasser fehlt – erst recht der Wein!
Ob er ein Wunder schafft in dieser Nacht?
Ob Kanas Hochzeit uns heut wieder blüht?
Wir wagen nicht daran zu glauben.
Das Hoffnung nährt, solch Wort,
es wäre schön und täte gut.
Das gib doch, Herr, in leeren Raum,
in leere Menschen, die hier wachen, warten. Amen.

Lesung 1 Gen 1,1–2,2: Die Erschaffung der Welt

Querflöte

Lesung 2 Ex 13,14–16: Rettung durch den Herrn

Querflöte

Lesung 3 Num 13,1–27: Die Kundschafter in Kanaan

GL 209, 4: Halleluja

Evangelium Mk 16,1–7: Er ist auferstanden

Festliche Orgelmusik mit Trompetenbegleitung. Dazu kommt von hinten der Einzug der »Fülle« mit Osterkerze, Blumen (Kinder), Brötchen, Eiern, Wein, Kerzen, Wasser und den Täuflingen in den Altarraum. Die Altarbilder werden enthüllt. Danach erfolgen das Entzünden des Osterfeuers im Altarraum,

Segen *der Segen über die Osterkerze und verteilen der Kerzen an die Gemeinde.*

Exsultet

Osterlied der Gemeinde

GL 223, 1–3: Wir wollen alle fröhlich sein

Dabei gehen alle Lichter an.

Einführung Liebe Eltern, liebe Gemeinde,

Leben ist ständiges Werden. Am Anfang war der Wasserstoff, aus ihm hat sich im Laufe von Milliarden Jahren das entwickelt, was unsere Augen sehen, unsere Ohren hören, unser Mund verkostet.
Auch wir Menschen sind diesem Werden unterworfen, am Anfang zwei Zellen, die sich anfreunden und miteinander Hochzeit halten, daraus werden 4, 8, 16, 100, 1000, ein Embryo, ein Kind, ein Mädchen, ein Junge. Und dieses Werden ist mit dem Tag der Geburt nicht abgeschlossen, sondern das kleine Wesen Mensch wächst weiter, wird Kind, Erwachsener, alter Mensch, toter Leib. Und jeder Schritt kann Fortschritt sein, wenn der Mensch mutig, oder Rückschritt, wenn er ängstlich.
Sie, liebe Eltern, möchten, dass ihr Kind nicht als Knospe verkümmert, sondern dass es Gefallen findet am Werde, deshalb bringen Sie es heute hierher in diese Gemeinde, damit es in Berührung kommt mit dem Gott, der Leben so gewollt, der Fülle in Aussicht gestellt und nicht Armut. Das macht Mut für morgen.

Vorstellen der Kinder durch die Eltern

Frage an die Gemeinde

Wenn Sie wollen, dass dieses Kind jetzt getauft und in unsere Mitte wachsen und werden darf, dann antworten Sie mit:

Wir wollen, dass du lebst, dass du in Fülle lebst!
Alle: Wir wollen, dass du lebst, dass du in Fülle lebst!

Aufnahme mit dem Kreuzzeichen

Frage nach dem Glauben der Eltern und Paten

Glauben Sie an Gott, den Vater aller,
der einst die Fülle dieser Welt gewollt:
die Erde gleich der Knospe schuf,
die Jahr für Jahr erblüht auf seinen Ruf?

Glauben Sie an Jesus Christus, den Bruder der Menschen,
der neue Lebensfülle in Aussicht stellt:
gleich wie ein Korn im Grabe lag
und sich entfaltet – wunderschön – am dritten Tag?

Glauben Sie an den Heiligen Geist,
die Kraft von oben, der allen Toten auf die Beine hilft:
der über allem Sein stets wachsam brütet,
die Schöpfung bis zur Vollendung hütet?

Glauben Sie an die Kirche,
die Gemeinde des Auferstandenen,
die Jesus nicht vergessen kann – es auch nicht will –,
dem Wort vom Leben trotz der Angst vertraut
und Schritt für Schritt auf Jesu Nachricht baut?

Credo(lied) der Gemeinde

Wasserweihe mit Paten

Taufe

Besprengen der Gemeinde

Eucharistiefeier

Gabenprozession Altartuch, Altarkerzen, Blumen, Brot, Wein, Wasser,

Meditation zur Gabenbereitung

Leben braucht ein Brot, das nährt.
Es braucht den Wein, der uns berauscht.
Leben will ein Mahl, das Fülle trägt in leere Welt.
Hier in der Menschen Mitte solch Wunder lass' geschehn,
dass in den Gaben unsre Augen Jesus sehn,
der tot und dennoch lebt
heut in dieser Zeit –
morgen in der Ewigkeit. Amen.

Präfation und Hochgebet

Vaterunser

Friedensgruß und Agnus Dei

Kommunion

Dank

Schlussmeditation

Voll die Krüge von des Lebens Farben.
Voll die Sinne von der Morgenröte.
Voll wir Menschen von dem Wort vom Tod, der stirbt.
Danke, Herr, und bleib bei uns als Sonne,
die ihr Licht verschwendet – niemals endet. Amen.

Entlassung

Segen

Der Herr segne euch
und zeige euch das Land des Lebens.
Ihr hungert danach.

Er lasse euch das Joch der vielen Tode spüren,
schwer wie Blei auf Euren Schultern,
damit ihr den Mut findet, es abzuwerfen: endlich!
Ihr könnt dann weitergehen wie Auferstandene,
unbeschwert und leichten Fußes.

Er halte stets das Ziel euch vor die Augen:
die Freiheit, die das Leben braucht
zum Werden und zum Blühen.
Und stelle sich entgegen
wie der Sturm, der sich erhebt,
wenn euch die Lust am Grabe überfällt.

Das gewähre euch der Gott fürs Leben,
der Vater, der Sohn und der Heilige Geist.
Amen.

Auszug

Intention: Leben bzw. Leben in Fülle finden Menschen erst, wenn sie ihr Leben nicht bewahren, sondern hinausgehen in das Leben (vgl. Mt 10,39), aussteigen aus den vielen Gräbern, die Entfaltung verhindern. So hat es Jesus auch getan.

Todesschrei? – Nein! – Lebensschrei! Schrei dessen, der gerade geboren. Noch zuckt der kleine Körper aus Angst vor dem Licht der Welt – Iris ist nur Dämmerung gewohnt.

Eltern strecken dem neuen Menschen Hände entgegen, möchten berühren, halten, hegen, was sie gezeugt und doch von Gottes Geist zum Leben erweckt.

Nach gespanntem Warten, ob es denn klappen wird. Nach der Phase des Wissens, ein Kind ist tatsächlich unterwegs, ist nun tatsächlich soweit: das Kind ist da, es lebt, es gibt ihn wirklich, kaum zu fassen.

Zur Freude über das gelungene Werk kommt Sorge hinzu: nicht nur, wenn er schreit und weint, auch dann, wenn er zu still oder gar wie leblos im Bettchen liegt.

Eltern wissen um die elementare Bedrohung von Leben, ahnen instinktiv, dass sie auf der Hut sein müssen, damit der Kleine auch morgen noch lebendig ist.

Bakterien lauern schon, Viren haben bereits zum Angriff geblasen – sogar Menschen sind dem neuen Erdenbürger nicht nur wohlgesonnen. Eifersucht liegt in der Luft – Abel trifft immer noch auf Kain. So ist Leben ständig bedroht wie Martin Luther klagt (GL 654): »Mitten wir im Leben sind mit dem Tod umfangen.«

Damit verbunden das Problem: wie erhalten wir den Säugling am Leben? Und solche Fragen steht nicht nur für junge Eltern an. Sie ist jeden Tag für alle Menschen von Bedeutung. Was Hänschen passieren kann, kann auch Hans widerfahren Was Klein-Erna bedroht, kann auch Erna an den Kragen gehen. Leben ist zerbrechlich, rund um die Uhr gefährdet. Ein Narr, wer solches übersieht, es könnte tödlich enden.

Seit Adam und Eva weiß unsere Spezies darum und probiert diesen Kampf zwischen Leben in der Fülle, wie wird das möglich?

Nun, so antworten besorgte Eltern: durch Schutzmaßnahmen, Prävention genannt. Darunter fallen Impfungen, ständige ärztliche Kontrollen. Ferner sollte Hygiene groß geschrieben werden – gerade davon kann ich Ihnen in puncto Kindertagesstätte ein Lied singen – von Eltern auch, die peinlich genau wissen wollen, ob alles eingehalten wird, ob die Böden allergenfrei und die Waschbecken desinfiziert. »Vielleicht auch noch der Gartenzaun«, frage ich dann sarkastisch. Solch Sorge kostet Geld, das ihre und viel Zeit. Die Älteren in unserer Mitte schütteln dabei den Kopf: unsere Kinder sind auch groß geworden, sind auch am Leben geblieben ohne all den verrückten Kram. – Stimmt! Sonst hätten sie keine Enkel an der Hand. In der Tat warnen Mediziner vor solchen Käseglocken, wie ich das Phänomen gerne nenne, denn das Immunsystem braucht die Herausforderungen der Umwelt, Dreck und Staub, Viren und Bazillen helfen ihm, die Abwehrkräfte richtig aufzubauen. Jeder Kampf, der gewonnen, macht es stabiler. – Das wusste der Menschensohn schon damals zu seiner Zeit. Wie heißt seine Mahnung (vgl. Mt 10,39): »Wer sein Leben bewahren will, der wird es verlieren.« Nur schützen zu wollen, ist ein Holzweg! Und welcher Weg ist besser? Es noch mehr zu entfalten?

Gut essen und trinken – dazu raten Genießer – hält Leib und Seele zusammen und verhindert damit, dass Seele auf und davon will. Also, an den Tisch zu Fisch und Fleisch, zu Salat und Soße, zu Bier und Wein. Der Genuss kann schon beginnen mit dem Frühstück im Bett. Er kann enden – vorübergehend – beim Candlelight dinner im trauten Kreis an schöner Tafel. Wer diesen Weg gewählt hat findet ihn nicht lange lebensfüllend. Vielleicht wird die Leibesfülle größer, doch die Seele hat nicht viel davon, sie hungert! Wonach eigentlich? – Nach Leben! Nach Leben, das lebendig, nach Leben, das sich anders gestalten will, damit auch Geist auf seine Kosten kommt!

Der ganze Psychomarkt – inklusive Esoterik – baut auf solche Wünsche. Da wird zum Beispiel zu einem »Re-Birthing« geladen, zum Nachholen des Urschreies, von dem ich anfänglich gesprochen, zu einem nachträglichem einander Festhalten, das früher entbehrt.

Scharen von Suchern haben sich auf den Weg dorthin begeben, in der Hoffnung, jetzt wird das Leben intensiver, lebendiger. Man hat sie ermuntert, die Emotionen nicht mehr zu kaschieren hinter Krawatte und Make-up, die Tränen nicht zu schlucken, trotz männlicher Fassade, die Wut hinauszubrüllen, trotz guter Kinderstube und geschickt gelerntem Frauencharme. – »Befreiend!«, urteilten die Teilnehmer solcher Kurse, wirklich ein Schritt weiter zum Leben in Fülle. Und ich weiß aus eigener Erfahrung: solch Tun ist schon sehr nahe dran, am Leben: Ein Ausstieg aus Formen, die Korsett sein können, einengend störend, nicht förderlich!

Manche gehen sogar weiter, krempeln ihr Leben völlig um, probieren Unbekanntes. Die Gesellschaft nennt sie Aussteiger.

Der Schauspieler Karlheinz Böhm war fassungslos, als der Bundeswehretat seiner Zeit um 100 Millionen Mark für Flugübungsbenzin erhöht wurde. – »Die spinnen wirklich total, man muss etwas machen.« Das war damals seine Überzeugung, er stieg aus und suchte neues Leben in der Sahel-Zone!

Findet man vielleicht so das Leben! Indem man aussteigt und Früheres hinter sich lässt?

Die Bibel sagt eindeutig: Ja! Ostern ist jemand ausgestiegen, ausgestiegen aus dem Grab, das ihn festgehalten, den Raum zum Leben ihm einfach genommen. Er hat sich aus dem Staub gemacht – im wahrsten Sinn des Wortes –, und so den Weg zum Leben erschlossen, wie es in der Liturgie heißt. Also ihm nach, wenn du ein Leben in Fülle willst, aussteigen aus den Gräbern, die unsere Welt kennt. Der Säugling hat es auch so gemacht. Leben begann mit der Forderung: raus aus dem Mutterleib! Sonst lauert Tod. Doch der Neugeborene wird weitere »embryonale Todeszellen« entdecken, an sich und anderen: da sind die Häuser, in die sich viele zurückziehen und so am Leben vorbeigehen. Der Fernseher bringt zwar Leben, aber nur second-hand, nicht selbstgelebtes, nur beobachtet vom sicheren Sofa!

Da sind Berufe, die mir Möglichkeiten nehmen, mir erst gar nicht erlauben, mich zu probieren, mich gar zu entwickeln vom ungelenken Anfänger zum Ass!

Da sind Spielregeln und Traditionen, die mittlerweile menschenfremd und mehr verbieten als fördern. Ich denke nur an diese irrsinnige Regelung, Gefühle seien zu unterdrücken. Das heißt doch dem Leben Gewalt antun. »Die meisten Menschen sind Mörder! Sie töten einen Menschen! In sich selbst«! (Stanislav Jerzy Lec). Beobachten Sie mal, wie viele Mumien da herumlaufen, ohne Lachen und Weinen – nur starre Züge!

Da sind Familien, die nicht zur Freiheit führen, sondern zum Ersticken oder zum Erfrieren, die Nestwärme schaffen, die übelst riecht und krank macht. Psychosomatiker kennen die Konsequenzen. Wohl dem, der dann den Fluchtweg kennt. Auf und davon!

Da sind Gemeinden, denen Ruhe und Ordnung ganz wichtig sind – Lebendigkeit stört die Frömmigkeit. Und dann wundern sie sich noch, wenn es heißt: Kirche ist lebensfremd. Sie ist sogar stellenweise lebensfeindlich, obwohl sie den Titel Mutter trägt, also für das Leben ist.

Ich kann Ihnen versichern, wenn Sie dem Leben keinen Raum gewähren, wird die Kirche zum Massengrab!

Jetzt kennen Sie den Weg zum Leben in Fülle: Aussteigen aus dem, was Sie am Leben hindert, was Sie absterben lässt, was für Sie wie ein Grab! Im Augenblick sind wir als Kirche dazu noch nicht bereit – ob als Gemeinde vor Ort, weiß ich nicht. Vielleicht geht es einen Schritt voran, durch diese Osterbotschaft, die wir heute neu gehört haben.

Willi Bruners, als Pfarrer aus der Gemeinde ausgestiegen und jetzt Mönch in Jerusalem, hat es so für uns notiert:

1. Nichts ist mir
so vertraut
wie das Gehen
zu den Toten

die halten ihr
Leben zurück
für den Zerfall

in erwachende
Gräser

2. Ihr Gräber
die ihr eure
Kinder bewahrt
vor dem tödlichen
Leben

bis zu dem Tag
da sie sich
aufrichten in
die Verwegenheit
der Auferstehung

Wilhelm Bruners

Taufwasserweihe

Sinnvoll ist es – auch sinnlich – das Wasser für die Taufe in feierlicher Prozession in die Kirche hineinzutragen. Diesen Dienst können sechs bis acht Paten – aber auch andere Gemeindemitglieder – übernehmen. Sie bringen die mit Wasser gefüllten geschmückten Krüge nach vorne und leeren sie im Altarraum in ein bereits halbgefülltes Becken. Dazu eignen sich folgende Texte, Begleitmusik und Lieder:

GL 209, 2–3
GL 235, 3–4
GL 227

Wasser ist anziehend und doch unheimlich für uns Menschen. Immer wieder verlangt es Opfer, verschlingt es Mensch und Tier, überflutet es ganze Landstriche und tötet, was da lebt.
Wasser ist der Ort des Todes und der Ort des Lebens. Denn ohne Wasser ist kein Leben möglich.
Wir bringen nun dieses Element der Schöpfung in unsere Mitte und bitten Gott, er möge seine Hand ausstrecken wie am Anfang und das Wasser in seine Schranken weisen, damit es nicht mordet und zerstört, sondern nur heilt und nährt, nur reinigt und pflegt den Menschen, der mit ihm in Berührung, die Kinder, die in ihm getauft werden.

Die Paten bringen sechs Krüge.

Ersten Krug einschütten

V: Wir bringen Wasser für die Augen,
damit sie den Himmel und die Erde besser sehen.
Lasset zum Herrn uns rufen!

Singen: Herr, erbarme dich.
Christus, erbarme dich.

Zweiten Krug einschütten

V: Wir bringen Wasser für die Ohren,
damit sie gute und böse Worte besser hören.
Lasset zum Herrn uns rufen!

Singen: Herr, erbarme dich.
Christus, erbarme dich.

Dritten Krug einschütten

V: Wir bringen Wasser für die Hände,
damit sie Menschen zarter fühlen.
Lasset zum Herrn uns rufen!

Singen: Herr, erbarme dich.
Christus, erbarme dich.

Vierten Krug einschütten

V: Wir bringen Wasser für die Füße,
damit sie vom Dreck des Lebens reingewaschen.
Lasset zum Herrn uns rufen!

Singen: Herr, erbarme dich.
Christus, erbarme dich.

Fünften Krug einschütten

V: Wir bringen Wasser für den Leib,
damit er schwimmen lernt in unsicherer Zeit.
Lasset zum Herrn uns rufen!

Singen: Herr, erbarme dich.
Christus, erbarme dich.

Sechsten Krug einschütten

V: Wir bringen Wasser für die Seele,
damit sie frei werde von jeder Schuld.
Lasset zum Herrn uns rufen!

Singen: Herr, erbarme dich.
Christus, erbarme dich.

Anschließend Wasserweihe (siehe Messbuch).

Wir bringen Tau und Regen für unsere Kinder.
Ihr Glaube möge aufgehen und ihnen helfen an das Gute im Menschen zu glauben und an die Liebe unseres Gottes.

Wir bringen Tau und Regen für unsere Kinder.
Ihre Hoffnung möge aufgehen und ihnen helfen, auf ein gutes Leben hier zu hoffen und einen schönen Himmel dort.

Wir bringen Tau und Regen für unsere Kinder.
Ihre Liebe möge aufgehen und ihnen helfen, ihre Eltern zu lieben und den bösen Nachbarn auch.

Wir bringen Tau und Regen für den Leib unserer Kinder.
Er möge wachsen und schön werden wie ein Mensch nur werden kann.

Wir bringen Tau und Regen für den Geist unserer Kinder.
Er möge weit werden und verstehen lernen die vielen Fragen, oft gestellt vom Leben und vom Tod.

Wir bringen Tau und Regen für die Seele unserer Kinder.
Sie möge Bilder malen von der Zukunft und die Sehnsucht nach dem Himmel nähren.

Anschließend Wasserweihe (siehe Messbuch).

Ufer und Wasser gehören zusammen, sind aufeinander bezogen wie Vater und Sohn, wie Tag und Nacht. Wer an andere Ufer will, der muss durchs Wasser – daran führt kein Weg vorbei. Wir haben Angst vor diesem Element der Schöpfung, denn es kann nicht nur schön und gut tun, es kann uns den Boden unter den Füßen wegnehmen und uns gar in den Tod reißen.

Wasser ist so zum Zeichen für das Leben und für das Sterben geworden. Wer eintaucht in den Fluss, der kann verloren gehen, er kann aber auch wieder auftauchen als Mensch, der gerettet, der das Leben neu lieben lernt und der erfahren hat: Ich bin auch der Gefahr gewachsen.

Sechs Paten bringen sechs Krüge mit Wasser.

Wir bringen nun das Wasser in unsere Mitte und bitten Gott:
Er möge seine Hand darüber halten und es in Schranken weisen, wenn es die Ufer überschwemmt, wenn kein Land mehr in Sicht.

Wir bringen Wasser für die Täuflinge in Amerika –
an den Ufern von Mississippi und Amazonas sind sie zu Hause.

GL 227, 1–2

Wir bringen Wasser für die Täuflinge in Afrika –
an den Ufern von Nil und Kongo sind sie zu Hause.

GL 227, 3–4

Wir bringen Wasser für die Täuflinge in Australien –
an den Ufern von Darling und Fitzroy sind sie zu Hause.

GL 227, 5–6

Wir bringen Wasser für die Täuflinge in Asien –
an den Ufern von Amur und Ganges sind sie zu Hause.

GL 227, 7–8

Wir bringen Wasser für die Täuflinge in Europa –
an den Ufern von Donau und Wolga sind sie zu Hause.

GL 227, 9–10

Wir bringen Wasser für die Täuflinge in ... (Ort)
an den Ufern von ... (örtliches Gewässer) sind sie zu Hause.

GL 227, 11–12

Anschließend Wasserweihe (siehe Messbuch).

Segen für die Fastenzeit

(Bußgottesdienst, Kreuzweg)

Gnade dir

»Gnade dir!«
Mit solchen Worten drohen Menschen,
doch nicht ein Gott,
der es ganz anders will:
dem »Täter« gnädig sein,
der nach ihm ruft,
auch wenn der Fuß noch falscher Fährte folgt.

So segne er,
die hier versammelt,
vom Wort der Umkehr angetan,
bereit, der Angst nicht mehr zu traun,
damit der Weg ins Licht gelinge
das Aug schon erster Dämmrung folgt.

Er soll es tun,
der Wege von Vergebung kennt,
der den Verlornen sucht
selbst in der finstern Schlucht (vgl. Ps 23,4).
Der Vater, der uns hält,
der Sohn, der Menschen heilt,
der Geist, der leben hilft.
Amen.

Umworben

Gleich wie die Sonne
Licht verschwendet
an einen Mond,
der darauf wartet.

So gieße Segen,
Herr, auf Gottes Volk,
das darum bittend vor dir steht.

Ihr alle mögt sein Werben
um der Menschen Herz erfahren (vgl. Hos 2,14)
in dieser Zeit
der Suche und des Findens.
»Und lass nicht ab davon,
sieh, Herr, dein Volk!«

Er werde für euch Hirte,
dem auch verlorne Schafe wichtig,
selbst um des einen willen
er viele auf den Bergen lässt (vgl. Mt 18,12).

Das wird er sicher tun,
der Menschen liebt,
der sie umwirbt
wie jeder Bräutigam die Braut.
Der Gott,
der Vater ist
auch Sohn
und Heiliger Geist.
Amen.

Verziehen

Und wie der Wind
sanft über Hügel weht,
den Staub der Erde dort entfernt,
so nehme er die Schuld,
die euch noch überschattet.

Er trage sie davon
in fernes Meer.
Dort mag er sie versenken,
der Tiefe anvertraun
und dem Vergessen.

Er gieße jetzt den Segen
reich herab auf euch,
die seiner warten,
damit nicht nur die Schuld vergeben,
nein, auch der Seele Narben heilen,
»Ach, Herr, und jede Kränkung.«

So wird das Leben wieder frisch,
empfänglich für das Viele,
vor jeder Tür es draußen wartet,
noch immer er es schenkt:
der Lebensgott, der Menschenfreund.

Ein Vater, der es wohl geschaffen,
ein Sohn, der es erlöst vom Bösen,
ein Geist, der es doch immer heilt.
Amen.

Wenn Fesseln in die Enge treiben ...

Emmanuel,
der »Menschengott«
sei nahe – jetzt,
mach seinem Namen Ehre,
erfragt von Mose
einst am Feuerdorn (vgl. Ex 3,14).

Er löse,
die verstrickt ins Böse,
mit Fessel fest gebunden,
von Götzen gern umgarnt.

Enttäuschung heile er
bei euch
und helfe,
Freiheit vom Vergessen zu befrein.

In weites Land zu gehen,
den Mut mach er dazu,
der dort schon wartet,
in dich sich zu verlieben,
wie einst geschehen
mit jenem Weinstock Israel (vgl. Hos 10,1).

Von Freiheit wird sodann nicht nur gesungen,
vielmehr wird sie erlebt – hautnah – von euch,
von dem, der mit euch lebt und liebt.
Der Sklaven Ketten werden fallen,
stattdessen schmückt sein Licht den Menschenleib (vgl. Röm 13,12),
ihr werdet ähnlich ihm wie eine Tochter ihrer Mutter.

Sein Segen soll euch sicher sein,
die Zukunft auch,
weil er das will,
der Menschen frei geschaffen:
ein Vater uns,
ein Sohn sogar,
wie auch ein Heiliger Geist.
Amen.

Segen für die Osterzeit

Aus dem Grab gerufen

Der Menschen aus dem Staub belebt (vgl. Gen 2,7),
ganz langen Atem ihnen gab,

der Israel aus Knechtschaft rausgeholt (vgl. Ex 12,51–13,16),
auf Adlerflügeln es davongetragen (vgl. Ex 19,4).

der Tote aus dem Grab wird rufen (vgl. Ez 37,12),
mit neuem Leib den Sohn beschenkt,

er gebe euch den Segen,
dass Lebensmüdigkeit jetzt fliehe,
stattdessen neuer Mut
euch auferstehen lässt wie ihn.

So Gott es will:
der Vater,
der Sohn,
der Geist.
Amen.

Nichtmehr

Leid wird nicht mehr sein, noch Hunger,
auch die Krankheit nicht.
Dies ist euch versprochen,
weiß der Gott des Abraham.

Angst wird nicht mehr sein, noch Fragen,
auch das Schweigen nicht.
Dies ist euch versprochen,
weiß der Gott des Isaak.

Tod wird nicht mehr sein, noch Trauer,
auch die Klage nicht.
Dies ist euch versprochen,
weiß der Gott des Jakob.

Das gewähre alles er,
der doch kein Gott von Toten (vgl. Mk 12,27),
der diese Macht in seiner Hand
fest hält wie wir das Ruder.

Er segne euch,
die ihr das Leben sucht,
den Tod noch fürchtet.

Der Gott – ganz wie ein Vater,
der Gott – ganz wie ein Sohn,
der Gott – ganz wie ein Tröstergeist.
Amen.

Segen zu Ostern, Osterzeit, Beerdigung, Sterbeamt, Totengebet, Trauerfeier.

Spurensuche

Es segne euch der Gott,
der sich entschieden:
Leben wähl ich,
nicht den Tod (vgl. Dtn 30,15–20).

Wege lasse er euch wandern,
sie in Weite führen,
Fremder wartet dort am Ende,
Brot zu brechen wie in Emmaus (vgl. Lk 24,13–35).

Zweifel helfe er euch zähmen,
sie in Frage stellen,
ihre Macht den Menschen lockt, auch fordert,
ihm zu glauben wie ein Thomas (vgl. Joh 20,24–29).

Spuren lasse er euch sichten,
sie in Zukunft weisen,
Totgeglaubter lädt am Ende ein,
Grab zu lassen wie auf Golgota (vgl. Mt 28,1–8).

Das gebe Gott,
der gute Nachricht weiß
für uns, die Sterblichen,
am Tag, da Zukunft offen,
Gott Vater,
Gottes Sohn und
Gottes Geist.
Amen.

Segen zu Ostern, Osterzeit, Beerdigung, Sterbeamt, Totengebet, Trauerfeier.

QUELLENVERZEICHNIS

Die Bilbeltexte sind entnommen aus:
Einheitsübersetzung der Heiligen Schrift
© 1980 Katholische Bibelanstalt, Stuttgart

S. 13
Bertolt Brecht, aus: Werke. Große kommentierte Berliner und
Frankfurter Ausgabe, Band 18,
© Suhrkamp Verlag, Frankfurt 1995
»Me-ti bewundert die Art, wie unser Freund An-tse gestorben war ...«

S. 105f
Alexander Solschenizyn, aus: Der erste Kreis der Hölle.
Deutsch von Nonna Nielsen-Stokkeby
© S.Fischer Verlag GmbH, Frankfurt am Main, 1968

S. 112
Hilde Domin, zweite Strophe aus dem Gedicht »Notrufer«.
Aus: dies., Gesammelte Gedichte
© S.Fischer Verlag GmbH, Frankfurt am Main, 1987

S.141
Wilhelm Bruners
aus: Und die Toten laufen frei herum.
Ein Begleiter durch die österliche Zeit
© Patmos Verlag, Düsseldorf 1993, S. 36

WEITERE BÜCHER VON HERBERT JUNG

Gesegnet sollst du sein

Segensgebete für Seelsorge und Gottesdienst

2. Auflage 2002, 160 Seiten, Gebunden

ISBN 3-451-27634-8

Ein Fülle von Segensgebeten, Segensbitten und Segenswünschen für die ganze Bandbreite der Höhen und Tiefen menschlichen Lebens, wie sie in der Seelsorge begegnet. Die vielfältigen Segenstexte sind mit einem hilfreichen Register zum gezielten Auffinden bei verschiedenen Gelegenheiten ausgestattet.

Mensch geworden für die Menschen

Gottesdienste, Gebete, Gestaltungsideen für Advent und Weihnachten

2. Auflage 2002, 160 Seiten, Paperback

ISBN 3-451-27644-5

Ein Werkbuch für die Advents- und Weihnachtszeit, zum Jahreswechsel und für das Fest der Erscheinung des Herrn. Es bietet zahlreiche Vorschläge für die Gestaltung der Sonn- und Festtagsgottesdienste (Einführungen, Fürbitten, Predigten, Segenswünsche), für Bußfeiern und Andachten.

In jeder Buchhandlung!

HERDER